Lutar contra a pobreza

Esther Duflo

Lutar contra a pobreza

Tradução:
Jorge Bastos

Copyright © 2010, Edition du Seuil et La République des Idées

Cet ouvrage, publié dans le cadre du Programme d'Aide à la Publication année 2022 Carlos Drummond de Andrade de l'Ambassade de France au Brésil, bénéficie du soutien du Ministère de l'Europe et des Affaires étrangères.

Este livro, publicado no âmbito do Programa de Apoio à Publicação ano 2022 Carlos Drummond de Andrade da Embaixada da França no Brasil, contou com o apoio do Ministério francês da Europa e das Relações Exteriores.

AMBASSADE
DE FRANCE
AU BRÉSIL
Liberté
Égalité
Fraternité

Grafia atualizada segundo o Acordo Ortográfico da Língua Portuguesa de 1990, que entrou em vigor no Brasil em 2009.

Títulos originais: Lutter contre la Pauvreté I: Le développement humain; Lutter contre la Pauvreté II: La politique de l'autonomie

Capa e imagem: Celso Longo + Daniel Trench

Preparação: Willian Vieira

Revisão técnica: Renato Gomes

Revisão: Huendel Viana e Clara Diament

Dados Internacionais de Catalogação na Publicação (CIP)
(Câmara Brasileira do Livro, SP, Brasil)

Duflo, Esther
 Lutar contra a pobreza / Esther Duflo ; tradução Jorge Bastos. — 1ª ed. — Rio de Janeiro : Zahar, 2022.

  Título original: Lutter contre la Pauvreté I : Le développement humain e Lutter contre la Pauvreté II : La politique de l'autonomie.
  Obra em 2 vol.
  ISBN 978-65-5979-062-3

 1. Assistência econômica 2. Desenvolvimento humano 3. Economia 4. Educação 5. Pobreza – Política governamental 6. Políticas públicas 7. Saúde I. Título.

22-101778   CDD: 361.25

Índice para catálogo sistemático:
1. Pobreza : Política social : Bem-estar social 361.25

Maria Alice Ferreira – Bibliotecária – CRB-8/7964

[2022]
Todos os direitos desta edição reservados à
EDITORA SCHWARCZ S.A.
Praça Floriano, 19, sala 3001 — Cinelândia
20031-050 — Rio de Janeiro — RJ
Telefone: (21) 3993-7510
www.companhiadasletras.com.br
www.blogdacompanhia.com.br
facebook.com/editorazahar
instagram.com/editorazahar
twitter.com/editorazahar

Sumário

VOLUME I O desenvolvimento humano   9

Introdução   11

1. O ensino: matricular ou instruir?   19

    Generalizar a educação: a abordagem tradicional   19
    Subvencionar a escola | Pagar os pais | Os limites da abordagem tradicional

    O papel da participação escolar   28
    Fazer com que se conheça o valor da instrução | A saúde dos alunos | Custos e benefícios

    A transmissão do saber   36
    "Mais do mesmo": um fracasso | Utilizar os recursos suplementares para mudar a pedagogia e a motivação | Motivar os professores: o papel dos estímulos financeiros

    Reformar o sistema   54
    Todo poder aos pais? | Privatizar a escola?

    Mudar a escola   61

2. A saúde: comportamentos e sistemas   64

    A saúde em Udaipur   65

    Melhorar a oferta   70
    A abordagem hierárquica | Fazer surgir a demanda dos usuários | Por que a demanda por um serviço de qualidade é fraca?

Por que os comportamentos preventivos são tão sensíveis ao preço?   82

Informar sobre a medicina preventiva: estratégias, sucessos e fracassos   88

Implicações para a política econômica   96

Conclusão   98

VOLUME II **A política da autonomia**   103

Introdução   105

1. As microfinanças em questão   111

Pobreza e acesso ao crédito   114
Análise econômica do mercado de crédito | *Taxas de juros elevadas reduzem a demanda?* | *Taxas de juros elevadas deterioram a qualidade do crédito?*

Os lucros das microfinanças   128
Emprestar às mulheres | *Os pagamentos semanais* | *O empréstimo solidário* | *Empréstimo em grupo* | *As microfinanças e os custos de transação*

O impacto do microcrédito   140

Para além do crédito   145
A disciplina forçada | *As virtudes do seguro* | *Qual o futuro das microfinanças?*

2. Governança e corrupção   157

Como lutar contra a corrupção?   158
Medir a corrupção | *Compreender a corrupção* | *Combater a corrupção*

Melhorar a governança local   174
Vantagens e inconvenientes da descentralização | *A eficiência da participação popular* | *Regras e decisões políticas* | *As cotas curam da misoginia?* | *Competência ou ideologia?*

Governança e luta contra a pobreza   194

Conclusão   197

Agradecimentos   201

Notas   202

VOLUME I

O desenvolvimento humano

Introdução

POUCOS ASSUNTOS GOZAM de tanto consenso quanto a saúde e a educação, seja como valores seja como fatores de crescimento. Entre os economistas, Amartya Sen foi quem mais reforçou sua importância primordial. Para ele, saúde e educação são capacidades ou, segundo sua expressão, "capabilidades" essenciais ao desenvolvimento da vida humana, sem as quais as noções de liberdade e de bem-estar não têm sentido.[1] Sob sua influência, o Programa das Nações Unidas para o Desenvolvimento (Pnud) criou, em 1990, um "índice de desenvolvimento humano" que deveria substituir o Produto Interno Bruto como medida do desenvolvimento de uma nação.[2] Esse índice corresponde à média de quatro indicadores: a expectativa de vida, o grau de alfabetização, o índice bruto de escolarização e a renda per capita. Percebe-se que saúde e educação respondem por três quartos do índice.

Mesmo os economistas mais conservadores reconhecem sua importância, a exemplo de três prêmios Nobel de economia da escola de Chicago: Theodore Schultz, inventor da noção de "capital humano" (em analogia ao capital físico) — que designaria o conjunto de talentos e aptidões de um indivíduo —, para quem educação e saúde são elementos essenciais; Gary Becker, que popularizou essa noção; e Robert Lucas, que fez do capital humano o motor para um crescimento ininterrupto.

Tal convicção não se limita ao mundo acadêmico. Para James Wolfensohn, presidente do Banco Mundial de 1995 a 2005, a educação das meninas é quase uma solução milagrosa, por facilitar o desenvolvimento sob todos os aspectos: "Ela permite a diminuição dos índices de mortalidades infantil e materna; a melhora da educação dos futuros filhos, meninos ou meninas; e a obtenção de mais produtividade e de uma melhor gestão do meio ambiente. Tudo isso junto significa crescimento econômico mais rápido e, sobretudo, uma melhor distribuição dos frutos do crescimento".[3]

Para além das afirmações de princípio, parece haver nisso uma real vontade, compartilhada por países em desenvolvimento e pelos provedores de fundos, de garantir a todos o acesso à educação e aos serviços essenciais de saúde. Dos oito "objetivos do milênio para o desenvolvimento", com os quais 189 países se comprometeram para 2015, três abordam a saúde (diminuir a mortalidade infantil; melhorar a saúde da mãe; e combater a aids, a malária e outras doenças) e dois versam sobre a educação (garantir o ensino fundamental para todos e promover a igualdade de gênero, principalmente em matéria de educação).[4] O relatório de 2009 sobre os "objetivos do milênio" constata que houve avanços reais:[5] as matrículas no ensino fundamental progrediram, mesmo que o objetivo de escolarização universal não seja atingido até 2015. Em 2007, se levados em conta todos os países em desenvolvimento, 88% das crianças em idade de frequentar o ensino fundamental estavam matriculadas na escola (contra 83% em 2000). O relatório sublinha ainda os progressos reais obtidos na África em termos de acesso a cuidados de saúde, sobretudo em relação à distribuição de mosquiteiros e de vacina contra a rubéola.

Mesmo assim, o estado da educação e da saúde no mundo não gera otimismo. É verdade que o número de crianças de até cinco anos que morreram por doenças que, em sua maioria, podem ser prevenidas ou tratadas ficou abaixo da marca simbólica dos 10 milhões (9 milhões em 2007), mas o índice de mortalidade infantil não baixou na África. A mortalidade materna não foi alterada desde 2000 (todo ano, 500 mil mulheres morrem durante o parto no mundo). Ir à escola não significa necessariamente aprender alguma coisa: na Índia, apenas metade das crianças escolarizadas consegue ler um parágrafo simples.[6] E não se trata, infelizmente, de uma exceção indiana. Em todo lugar onde os conhecimentos gerais foram sistematicamente medidos, o mesmo fenômeno se revela: os alunos, particularmente os mais pobres e nas regiões rurais, têm lacunas assustadoras. A matrícula universal na escola é, ao menos em parte, uma ilusão. O absenteísmo entre quem trabalha em centros de saúde e escolas é tamanho que o relatório anual do Banco Mundial — a mais importante publicação oficial dessa instituição — concluía em 2004: "Os serviços sociais traíram os pobres".[7]

Esses fracassos e, de forma mais geral, a lentidão do progresso em matéria de educação e saúde reafirmaram ainda mais a noção, defendida pelos "céticos da ajuda", de que ajudar é algo inútil, ou pior: de que seria até pernicioso querer modificar as escolhas das pessoas. Se elas escolhem não mandar os filhos à escola ou não dormir sob um mosquiteiro é porque têm um bom motivo para agir dessa forma. Tentar forçá-las a uma coisa ou outra é tão inútil quanto limpar os estábulos de Augias: um esforço fútil, fadado a ser o tempo todo recomeçado. Para William Easterly, a mortalidade infantil não diminuiu na

África porque os mosquiteiros gratuitos foram utilizados como redes de pesca ou como cortinas. Até mesmo a primazia da educação como motor de crescimento é questionada: os países em que os níveis de escolaridade mais aumentaram desde os anos 1960 não prosperaram mais rapidamente que os outros. Se os habitantes dos países mais ricos são também os mais instruídos, é apenas por ser mais interessante e útil instruir-se quando a economia está no auge.[8]

Há uma lógica superficialmente sedutora nesse tipo de raciocínio: ele devolve aos habitantes dos países em desenvolvimento a autonomia que o lobby da ajuda internacional lhes teria roubado. Assim, em nome do respeito pela pessoa humana e pelas liberdades fundamentais, deveríamos abandonar a presunção inútil de que é preciso incentivar os indivíduos a desenvolverem seus próprios recursos se eles não tiverem essa intenção espontaneamente. Tal demonstração tem a vantagem de permitir que os mais ricos tenham um sono tranquilo e sem pôr a mão no bolso...

Essa lógica, no entanto, não leva em consideração os ensinamentos mais essenciais de Amartya Sen e Robert Lucas. Como mostra o primeiro, a liberdade (entendida como ausência de entraves) nada é sem a capabilidade.[9] Os camponeses que não sobreviveram à grande fome em Bengala eram livres para comprar o que comer. Mas com o poder de consumo arrasado pela inflação, eles não tinham como fazê-lo. A mãe que não frequentou uma escola, cujos vizinhos não sabem ler, não está em condições de imaginar um futuro diferente para seu filho. Mesmo sendo um dos meios mais eficazes para salvar vidas, a vacina não gera grande demanda espontânea. O desenvolvimento das capabilidades, assim, não pode ser atrelado apenas à iniciativa de quem tem a liberdade restringida por obstáculos de todo tipo (seja a incapacidade de imaginar outro futuro ou a impossibilidade de poupar para financiar a educação do filho). Por razões de justiça, conclui Amartya Sen, a educação e a saúde devem ser de responsabilidade da sociedade.

No outro extremo do espectro político, Robert Lucas insiste nos efeitos de contágio (ou "externalidades", no jargão dos economistas) do capital humano:[10] não só uma pessoa instruída é mais produtiva, como ela também torna as outras mais eficazes, facilitando a adoção de ideias novas, defendendo a melhor utilização dos recursos existentes etc. As externalidades são ainda mais evidentes no que concerne à saúde: a chance de uma pessoa doente contaminar as outras é enorme. Como os indivíduos não levam em consideração essa externalidade, tendem a não investir o suficiente em seu próprio capital humano ou no dos filhos. A sociedade, assim, tem o direito de incentivá-los (ou até de obrigá-los) a investir mais do que fariam espontaneamente: o que pode justificar a gratuidade da escola ou dos serviços básicos de saúde, a obrigatoriedade escolar ou qualquer outra política voluntarista em matéria de saúde e de educação.

Mas como, concretamente, fazer imperar esse direito de intervir que a sociedade detém (sobretudo nos países pobres) para garantir a educação e os serviços mínimos de saúde? São louváveis tais intenções, respondem os céticos, mas não estariam nadando contra a corrente ao tentar inverter a lógica da demanda? O fracasso dos esforços investidos em saúde e educação não comprovaria, há décadas, a esterilidade dessa ação? Além de simples cinismo, essas críticas indicam uma dificuldade essencial: na medida em que a sociedade estimula, acima da demanda, a educação e a saúde, ela se torna a única responsável por garantir sua qualidade. Ao contrário do setor privado, ela não pode contar com a livre concorrência das forças de mercado para encontrar o melhor meio de organizar a escola e os cuidados preventivos, já que essa livre concorrência provoca precisamente o declínio de tais serviços. Então não se pode ser a favor do direito à saúde ou à educação sem questionar a organização prática desses serviços.

O dever de assegurar saúde e educação aos cidadãos é crucial demais para ser deixado ao acaso das circunstâncias ou à improvisação, mesmo que generosa. O fracasso, quando ocorre, pode desacreditar o conjunto dos esforços despendidos (sobretudo por meio de ajuda internacional). Daí ser necessário assentar o desenvolvimento da saúde e da educação no mundo sobre uma tecnologia de avaliação e colocar a questão da escolha: como determinar a melhor política, a mais eficaz, para chegar à meta fixada? É uma questão com repercussões bem concretas. A escola deve ser gratuita ou paga? Qual é o tamanho ideal das turmas? Devemos construir centros de saúde próximos aos vilarejos ou levar os doentes das zonas rurais a hospitais urbanos? Para decidir entre essas diferentes opções, intuição e pensamento in abstracto são guias bem incertos. A única solução consiste em testar rigorosamente cada uma dessas políticas, comparando seus preços e efeitos.

Para testar o efeito de novos medicamentos, a pesquisa farmacêutica desenvolveu "testes clínicos": um remédio novo é aplicado a uma amostragem escolhida ao acaso, enquanto um grupo de controle recebe um placebo. A comparação entre os dois grupos escolhidos aleatoriamente garante que se isole apenas o efeito do novo produto. Só depois de conduzido um experimento com atribuição aleatória desse tipo é que um novo medicamento é aprovado e colocado no mercado. No século XX, os testes clínicos revolucionaram a prática da medicina.

Infelizmente não ocorre o mesmo com as políticas de educação e saúde. É comum que elas não passem por uma avaliação rigorosa antes de serem difundidas. E mesmo depois, os interesses políticos são importantes demais para que se estabeleça um resultado objetivo. Por isso o secretário geral da ONU, Ban-Ki Moon, pôde declarar que progredimos na direção dos "objetivos do milênio", principalmente graças às políticas apoiadas pela ONU, enquanto Easterly conclui que toda essa ajuda externa foi desperdiçada. A verdade é que nem um nem outro dispõe de elementos que comprovem suas posições. Assim, a falta de aprendizados obtidos com experiências passadas e a impossibilidade, para um governo que queira lançar um novo programa, de levar em consideração os sucessos e os fracassos de outros países inevitavelmente limitam a eficácia dos esforços.

É possível, no entanto, inspirar-se nos testes clínicos para levar adiante avaliações de programas-piloto em matéria de educação e saúde. Com isso, pode-se não só determinar se os programas são eficazes, mas também compará-los entre si e dessa forma compreender melhor o que determina a demanda nessas áreas. Esses experimentos aleatórios (ou avaliações "randomizadas") introduzem um elemento de acaso na aplicação do programa. Em alguns casos, um programa é aplicado numa "subamostra" aleatória (de vilarejos, de escolas ou de usuários) e os resultados obtidos em localidades "tratadas" são confrontados aos de outras, "de controle". Em outros, duas intervenções são comparadas entre si: por exemplo, na metade das escolas os alunos são divididos ao acaso em duas turmas e, na outra metade, em grupos nivelados. Quando as amostragens se tornam suficientemente importantes,[11] a seleção aleatória permite assegurar que, na média, o grupo de controle e o grupo de tratamento (ou os grupos que receberam intervenções diferentes) sejam similares em todos os pontos, exceto pela introdução do programa cujo efeito se quer determinar.

Por sua transparência conceitual, flexibilidade e também por estar na interseção entre o mundo político e o mundo da pesquisa, a avaliação aleatória se revela uma ferramenta particularmente rica e polivalente.[12] Ao longo da última década, na esteira dos trabalhos pioneiros de Michael Kramer e Abhijit Banerjee, recorrer a esse método para avaliar soluções antigas e ideias novas tem sido cada vez mais comum nos países em desenvolvimento. Dispomos hoje tanto de vontade para prosseguir num ritmo forte quanto de exemplos e resultados suficientes para esboçar, nos campos da saúde e da educação, um rico panorama.

Este volume presta conta desses experimentos e busca trazer uma nova luz aos desafios do desenvolvimento humano. Vamos tentar compreender em que medida as políticas tradicionais atingiram seus objetivos e por que os avanços são tão lentos. Ao longo dessa exploração, logo deixaremos de lado a simples constatação de sucesso ou fracasso para tentar evidenciar a riqueza dos comportamentos e das motivações dos envolvidos, sejam eles pais, filhos, professores ou profissionais da medicina. Tal compreensão nos permitirá propor pistas para uma política mais eficaz.

1. O ensino: matricular ou instruir?

MESMO QUE NÃO ENGLOBE ainda todas as crianças, o ensino fundamental indiscutivelmente se generalizou nos últimos vinte anos, graças, entre outras coisas, a importantes esforços dos governos de países em desenvolvimento. Assim, de 1999 a 2006, nos países da África subsaariana, os índices de escolaridade no ensino fundamental subiram de 56% para 70%. No mesmo período, no sudeste da Ásia, passaram de 75% a 86%.[1] Que fatores e políticas contribuíram para isso? E, questão quem sabe ainda mais importante: isso representa um progresso? As crianças matriculadas na escola têm uma frequência regular e de fato se instruem? Como a escola deve se adaptar para oferecer uma verdadeira educação às crianças, que passaram a ser matriculadas em grande número, mantendo o apoio dos pais?

Generalizar a educação: a abordagem tradicional

A política educacional tradicional se baseia em dois princípios. O primeiro reza que os pais são o principal obstáculo à instrução universal: convencê-los a matricular os filhos na escola deve então ser uma prioridade. O segundo princípio afirma que os custos de escolaridade constituem uma carga pesada demais para eles, razão pela qual se mostram tão reticentes. A escolaridade de um filho acarreta de fato dois tipos de custo: despesas diretas (matrícula, transporte, compra de uniformes e material etc.) e despesas indiretas (ou de "oportunidade"). Afinal, uma vez na escola, a criança não trabalha na terra dos pais nem toma conta dos irmãos e irmãs menores.

Subvencionar a escola

Ao longo dos últimos trinta anos, as políticas econômicas dos países em desenvolvimento se preocuparam principalmente com dois problemas relativos à escola: a matrícula e os custos. Os "objetivos do milênio para o desenvolvimento" incluem dois relativos à educação: o acesso ao ensino fundamental (duração de nove anos) para todos até 2015 e a supressão das disparidades de gênero. Devemos, no entanto, nos remeter à declaração do Fórum Mundial sobre Educação (ocorrido em Dacar, em 2000) para encontrar alguma menção à noção de aprendizagem, que, aliás, só aparece em sexta posição nas conclusões finais. A matrícula escolar aparece como uma finalidade em si.

Para estimular as matrículas, priorizam-se os custos diretos e indiretos. Desde 2000, vários países africanos (Quênia, Gana e Uganda, por exemplo) estabeleceram a gratuidade do ensino fundamental. Os custos de matrícula foram suprimidos e as escolas não têm mais o direito de pedir uma contribuição financeira aos pais. Nos dois últimos anos, alguns países estenderam a gratuidade ao ensino médio. Para reduzir também os custos de oportunidade, programas de transferência de renda, com condicionantes, se espalharam.* Eles fazem os benefícios de assistência social (ou de renda mínima) dependerem de certos comportamentos: cuidados preventivos e suplementação nutricional para crianças pequenas, matrícula na escola para as mais velhas etc. A merenda escolar gratuita ajuda também a reduzir os custos de oportunidade: a criança alimentada na escola representa uma boca a menos em casa. Por exemplo, em todas as escolas da Índia, uma refeição quente é servida às crianças. Essa política foi idealizada como programa nutricional, mas também incentiva os pais a enviarem diariamente os filhos à escola. Essas refeições substituíram as distribuições de cereais ou arroz que existiam antes. Era de fato muito difícil condicionar esse benefício à presença regular das crianças, que iam apenas no dia da distribuição. Além disso, em caso de necessidade, os professores falsificavam os registros de presença para não privar as famílias das suas cotas de alimentação.² Quais são os êxitos desse programa e seus limites?

Como vimos, os índices de escolaridade cresceram muito nos últimos vinte anos. Em que medida esse crescimento está mais ligado à diminuição dos custos escolares do que a outros fatores concomitantes, como o melhor engajamento dos pais? Uma maneira de responder a isso é analisar o impacto de uma redução dos custos da educação. Nos países onde o ensino é gratuito, mas o uso de uniforme permanece habitual, é possível medir o efeito da redução dos custos de escolaridade subvencionando os uniformes. No Quênia, por exemplo, apesar de uma lei impedindo que se proíba a entrada na escola de

---

* O Bolsa Família é o exemplo mais conhecido no Brasil deste tipo de programa. (N. R. T.)

crianças sem uniforme, todas têm um e qualquer aluno sem uniforme se sentiria desconfortável. O uniforme, que é praticamente universal, mantém-se como único custo a encargo dos pais (além da matrícula, o governo se encarrega ainda dos livros e do material escolar). No Quênia, um uniforme custa cerca de seis dólares. Num país em que a renda per capita é de 644 dólares, tal despesa está longe de ser pouca coisa.

Para avaliar o impacto da distribuição gratuita de uniformes sobre a escolaridade, fez-se um experimento.[3] Foram escolhidas ao acaso 163 escolas, entre as 327 que participavam de uma pesquisa sobre a prevenção à aids. No início da segunda metade do ensino fundamental, uniformes foram distribuídos às crianças. Dezoito meses mais tarde, as que continuavam matriculadas receberam outro. Dois anos depois da primeira distribuição de uniformes, o índice de abandono entre as meninas passou de 18% a 15% e, entre os meninos, de 13% a 10%. Nos dois casos, isso representa uma redução de quase um quarto do abandono escolar, algo nada insignificante. Fica claro, então, que os custos diretos constituem um entrave à educação e que é muito provável que a redução maciça desses custos contribuiu em larga escala para a generalização da escolaridade. No que concerne aos uniformes, especificamente, o estudo leva a duas propostas: aboli-los — o que seria difícil no Quênia por uma questão cultural — ou subvencioná-los para as crianças mais pobres.

Pagar os pais

O programa Progresa, do México, nos permite medir o efeito dos custos de oportunidade. É um experimento igualmente interessante por evidenciar o impacto que uma avaliação rigorosa sobre a política econômica pode ter. Esse programa foi idealizado por uma equipe dirigida por Santiago Levy, um colaborador bastante próximo do presidente Zedillo, líder do Partido Revolucionário Institucional (PRI). Vários programas de transferência de renda foram unificados, gerando um só pagamento, repassado sob a comprovação de baixa renda e também de certas condutas: para as famílias com filhos, a ajuda dependia da matrícula e da assiduidade na escola.

O Progresa gerou um aumento da escolaridade por várias razões. Gerando um simples efeito sobre a renda, a alocação facilitava a compra de material e de roupas para a escola. A ajuda era repassada às mulheres, supostamente mais interessadas na educação dos filhos. Como o subsídio estava condicionado à escolaridade, reduzia-se o custo de oportunidade: a criança, pelo simples fato de ir à escola, trazia uma renda à família, cujo montante foi calculado de maneira a mais ou menos corresponder ao salário de um adolescente. A equipe de Santiago Levy, achando que o PRI perderia as eleições, quis garantir de todas as formas que, mesmo em caso de mudança de governo, o programa se mantivesse. Decidiu então lançar uma iniciativa-piloto que fosse a mais convincente possível, organizando um experimento controlado: 495 vilarejos foram escolhidos para participar do programa, com o Progresa instituído em apenas metade deles, escolhidos ao acaso.

Os resultados do estudo mostraram que o programa teve pouco impacto sobre a educação fundamental, o que não chega a surpreender, pois ela já era amplamente estabelecida no México. Por outro lado, o índice de matrícula feminina no ensino médio alcançou cerca de 76% nos vilarejos-piloto, que receberam o programa (contra 67% nos vilarejos de tratamento, que não foram contemplados), e o masculino, cerca de 79% nos vilarejos-piloto (contra 73% nos de tratamento).[4] Um estudo rigoroso apontou o efeito positivo do programa sobre a escolarização, assim como sobre a saúde. Considerado um sucesso, o Progresa foi mantido no governo seguinte, mesmo após a derrota do PRI (a única mudança foi o nome, trocado por Opportunidades). Além disso, foi reproduzido em mais de trinta países, da América Latina ao Afeganistão, passando pela Turquia e pela cidade de Nova York.

As bolsas por mérito, uma das pedras angulares da política educacional da Terceira República Francesa (que durou até 1940), representam outra forma de transferência de renda condicional, ligada, nesse caso, aos resultados. Elas reduzem os custos de escolaridade, ao mesmo tempo que recompensam a participação e o esforço. Uma primeira avaliação ocorreu no Quênia: bolsas eram dadas a meninas que se destacavam nos exames de fim de ano (a primeira terça parte de todas as alunas do distrito escolar).[5] O montante da bolsa cobria os custos de matrícula (ainda existentes à época), a compra de um uniforme e ainda possibilitava aos pais guardarem uma parte do dinheiro, em princípio para arcar com as necessidades da filha. As bolsas escolares tiveram um efeito positivo sobre a escolaridade das meninas, cuja presença aumentou e os resultados melhoraram — e, mais surpreendentemente, também sobre a escolaridade dos meninos, mesmo não recebendo nenhum auxílio. Os autores do estudo explicam isso dada a atitude dos professores: querendo ajudar as meninas das suas turmas a obterem a bolsa (talvez por pressão dos pais), eles se dedicaram mais, o que foi bom tanto para as meninas quanto para os meninos.

Já vimos que, nos países em desenvolvimento, os pais é que são percebidos como o maior obstáculo para a escolarização dos filhos. O papel das crianças é minimizado. Isso transparece no fato de as transferências de renda condicionais e as bolsas por mérito serem sempre repassadas aos pais, e nunca diretamente às crianças. Nos países ricos, pelo contrário, as recompensas são oferecidas às crianças: em Nova York, minutos de telefonia são dados em troca de boas notas para alunos do ensino fundamental (da mesma idade que as ganhadoras de bolsas no Quênia); em Israel, elas recebem um incentivo financeiro caso tenham sucesso no vestibular.[6] Mas não é evidente que o fato de estimular financeiramente os pais em vez dos filhos seja mais eficaz. Dadas aos pais, essas ajudas têm um efeito mais importante se eles forem capazes de motivar e de ajudar os filhos; dadas aos filhos, são mais eficazes se a motivação for primordial.

Para testar essa hipótese, fez-se um experimento em escolas pobres de um subúrbio de Nova Délhi, na Índia:[7] o programa prometia uma pequena recompensa (como a premiação de fim de ano na França) às crianças que conseguissem melhorar seu nível de leitura em poucas semanas. Essa recompensa era dada ou às crianças (um brinquedo), ou aos pais (uma soma equivalente em dinheiro). Os resultados demonstram a importância do meio de origem da criança: nas famílias um pouco mais favorecidas, em que os pais são capazes de ajudar os filhos, a recompensa oferecida aos pais teve um efeito mais importante sobre os esforços da criança (principalmente em relação à participação em aulas de apoio facultativas) e sobre os seus resultados; nas menos favorecidas (em que os pais não sabem ler ou são ocupados demais para acompanhar os estudos dos filhos), as recompensas são mais eficazes quando as crianças as recebem diretamente.

Os limites da abordagem tradicional

Para incentivar a escolaridade do maior número possível de crianças, a abordagem clássica considera a matrícula o objetivo primordial, sendo os pais os principais personagens a serem convencidos, já que os custos da educação constituem um obstáculo real. Os estudos aqui citados demonstram que essa posição não deixa de ter fundamento: as matrículas, e mesmo os esforços despendidos em sala de aula, dependem das condições financeiras. Ao longo dos exemplos, contudo, surgem outros problemas, especialmente com relação à motivação das crianças, talvez ainda mais essencial num ambiente no qual elas são as primeiras a receber instrução, e à motivação dos professores.

A primeira deficiência da abordagem tradicional consiste em não dar importância ao absenteísmo das crianças, evidenciado na tabela 1. Com os registros escolares sendo falsificados com frequência, as ausências foram verificadas em controles realizados de surpresa em diferentes turmas e diferentes contextos (rural ou urbano). Os índices de absenteísmo variam de 14% a 50%, segundo os países. Ou seja, a matrícula não garante a presença na escola.

TABELA 1: Índice de absenteísmo das crianças
no ensino fundamental, por país

País	Região	Ano	Nível	Absenteísmo
Quênia, Província Ocidental[8]	Rural	1998	Escola maternal, níveis 1 e 2	30%
Quênia, Província Ocidental[9]	Rural	1998	Níveis 3, 4 e 5	19%
Quênia, Província Ocidental[10]	Rural	1998	Níveis 6, 7 e 8	12%
Índia, cidade de Vadodara[11]	Urbana	2003	Níveis 3 e 4	25%
Índia, cidade de Mumbai[12]	Urbana	2003	Níveis 3 e 4	13%
Índia, Udaipur, Rajastão[13]	Rural	2003	Todos os níveis	54%
Índia, Jaunpur, Uttar Pradesh[14]	Rural	2005	Todos os níveis	49%
Quênia, Província Ocidental[15]	Rural	2006	Nível 1	13%
Madagascar[16]	Rural	2007	Nível 4	14%

A segunda deficiência dessa abordagem está no fato de ela se concentrar totalmente na questão dos custos da educação (diretos ou indiretos), desconsiderando outros fatores de intervenção. Para exemplificar dois deles: é possível fornecer aos pais e às crianças informações sobre as vantagens da educação; e pode-se melhorar o estado de saúde das crianças, que é responsável, como veremos, por parte das ausências. A terceira deficiência diz respeito ao conhecimento. Basta colocar as crianças diante de um professor para que aprendam alguma coisa? Os resultados nos países em desenvolvimento são infelizmente menos brilhantes em termos de aprendizagem do que em termos de escolarização. Na Índia, por exemplo, uma pesquisa nacional anual mostrou que, em 2008, 96% das crianças de seis a catorze anos iam à escola. Todavia, somente 56% dos alunos no quinto ano do ensino fundamental I eram capazes de ler um parágrafo de nível do segundo ano, e 19% eram incapazes de decifrar mais de uma palavra. Os resultados são ainda piores em matemática.[17]

O papel da participação escolar

Por que as crianças vão à escola? A educação traz sua porção cotidiana de alegrias e dificuldades às crianças e aos pais, mas representa sobretudo um investimento: uma criança mais instruída ganhará mais e terá (em princípio) uma vida mais plena. Melhorar as vantagens reais ou previstas da educação pode ser então um meio de aumentar os índices de escolarização.

Vários fatores influem na percepção das vantagens da educação. Primeiro, há aquelas que o conhecimento proporciona no mercado de trabalho. É preciso então buscar aí as reformas que terão efeitos positivos na educação. Se um diplomado do ensino médio não encontra um emprego que lhe permita utilizar o conhecimento adquirido, por que se dar ao trabalho de ir à escola? Nas regiões da Índia em que o ensino fundamental se revelou útil no âmbito da revolução verde (ao proporcionar uma melhor compreensão da combinação dos fertilizantes e das sementes utilizadas), a escolarização das crianças aumentou mais rápido que em outras áreas.[18] Um segundo parâmetro está relacionado com a informação sobre essas vantagens: nos vilarejos isolados, onde poucos estudaram e as raras pessoas mais instruídas foram embora, pode acontecer de nem os pais nem as crianças saberem das vantagens reais da instrução. Um último elemento, enfim, remete à qualidade da educação, da qual dependem suas vantagens reais. E isso, uma vez mais, nos leva de volta à questão do conhecimento.

Fazer com que se conheça o valor da instrução

Para saber se os pais (e as crianças) se dão conta dessas vantagens ao tomarem suas decisões a respeito da educação, pode-se tentar acionar o segundo fator acima citado: a informação. Se a participação e o esforço escolares dependem da informação sobre as vantagens da instrução, sua importância pode ser demonstrada por um experimento feito na República Dominicana:[19] no ensino médio, quando os índices de abandono são altos (45% dos alunos matriculados não voltam no ano seguinte), isso se deve sobretudo ao fato de os alunos subestimarem sistematicamente as vantagens da instrução. Quando os pesquisadores perguntam para quais profissões o ensino médio pode levá-los e quais expectativas de salário podem ter caso deixem a escola ou continuem até o fim, a maioria responde que a diferença é pequena (menos do que é na realidade). A intervenção, bem simples, consistiu então em fornecer às crianças dados sobre os salários médios de diplomados de diferentes níveis. Isso foi feito em 75 escolas, escolhidas ao acaso entre 150, o que foi suficiente para convencer um bom número daqueles jovens a voltar: os índices de abandono diminuíram nas escolas onde houve a intervenção e apenas 41% dos alunos não voltaram no ano seguinte. Esses efeitos, contudo, foram observados apenas em famílias menos pobres. Isso parece significar que, nas famílias mais pobres, o obstáculo financeiro permanece real, mas nas famílias um pouco menos carentes é mesmo a falta de informação que leva ao abandono escolar.

O Ministério da Educação de Madagascar promoveu um experimento similar, mas num contexto bem diferente: em turmas do terceiro ano do ensino fundamental 1 em zonas rurais.[20] Os pais foram primeiro interrogados a respeito das vantagens da instrução. Espantosamente, não as subestimavam, mas havia uma forte variação nas respostas: alguns as superestimavam muito, outros bem menos. A intervenção foi deixada então por conta do corpo docente, que organizou reuniões pais-alunos-professores em 640 escolas, divididas em quatro grupos. Em um deles, o professor deu aos pais informações precisas sobre as vantagens da instrução, apoiando-se num impresso ilustrado bastante simples. Em outro, um "modelo" — alguém que, graças aos estudos, teve sucesso na vida — foi convidado para falar da sua trajetória. Essa intervenção foi proposta pelo Unicef, que acreditava que ver uma pessoa real teria mais impacto do que a explicação por números. No terceiro grupo, os pais tiveram acesso tanto a um "modelo" quanto a estatísticas. E no último houve apenas uma discussão geral, sem qualquer informação mais clara aos pais.

Alguns meses depois, uma nova pesquisa foi feita com os pais sobre como viam os efeitos do ensino. A variação das respostas diminuiu nas escolas que obtiveram alguma informação a esse respeito, o que significa que a mensagem foi bem recebida. Aqueles que, de início, superestimavam ou subestimavam as vantagens do ensino passaram a visões mais realistas.

A visita de um convidado teve, de certo modo, efeito inverso: aumentou a variação na percepção da vantagem do ensino. É possível que a presença do "modelo" tenha deixado a impressão de que a instrução é como um bilhete de loteria: pode dar muito certo, pode não servir para grande coisa. Essa mudança de percepção foi também acompanhada de uma mudança de comportamento: nas escolas onde foi disponibilizada informação, crianças cujos pais subestimavam a utilidade da educação primária se mostraram mais assíduas, enquanto aquelas cujos pais a superestimavam se tornaram um pouco menos. Ainda assim, a assiduidade aumentou em média nas escolas em que houve reuniões informativas.

Fornecer aos pais e às crianças esse tipo de informação pode ter efeitos importantes. Mesmo nas zonas rurais malgaxes, todos se mostravam perfeitamente aptos a compreendê-la. A visita de um "modelo", no entanto, não teve o efeito esperado. Uma informação clara se mostra então mais útil que a ilustração viva de um princípio já conhecido: a instrução ajuda a alguns, mas (provavelmente) nem tanto a outros. Esses resultados também mostram que a percepção das vantagens da instrução faz parte dos critérios de decisão dos pais: os avanços da escolarização não serão mantidos se a confiança deles na educação se deteriorar.

A saúde dos alunos

Já mencionamos outro obstáculo à frequência escolar das crianças: o estado de saúde. De fato, as repetidas faltas muitas vezes acontecem por motivo de doença. Os vermes intestinais, que provocam, por exemplo, a esquistossomose, afetam um quarto das crianças do mundo, sobretudo na África subsaariana. Eles representam um problema de saúde que não é levado a sério, sem dúvida por não causarem morte, mas deixam as crianças cansadas e anêmicas. No entanto, é muito fácil tratá-los: um comprimido a cada seis meses previne as infecções mais comuns. A Organização Mundial da Saúde recomenda esse tratamento preventivo a todas as crianças escolarizadas em áreas endêmicas. Mesmo assim, e apesar do baixo custo, esses programas ainda são raros: além de não serem considerados uma prioridade, costuma ser difícil fazer com que os ministérios da Saúde e da Educação, que são os dois envolvidos, cooperem.

Trabalhos efetuados no meio escolar, por outro lado, concluíram que esses tratamentos preventivos geravam resultados decepcionantes. Os pesquisadores escolheram ao acaso, numa mesma escola, crianças que receberam o tratamento e outras que não. Como os vermes são muito contagiosos, as crianças contaminadas infectavam novamente as crianças tratadas. Por isso, todos os estudos subestimam os efeitos do tratamento (o que indica, aliás, que a randomização não é uma fórmula mágica).[21] Para testar o impacto de um tratamento contra uma doença contagiosa, deve-se tratar todo o grupo dentro do qual uma contaminação mútua é possível.

Um novo estudo foi então elaborado por dois pesquisadores que selecionaram ao acaso não mais crianças individualmente, mas escolas inteiras.[22] Eles se juntaram a uma ONG que se propunha a tratar de 75 escolas em três anos e dividiram ao acaso essas escolas em três grupos. Vinte e cinco escolas do grupo 1 foram tratadas no primeiro ano, as cinquenta escolas dos grupos 1 e 2 foram tratadas no segundo ano e as escolas dos três grupos foram tratadas no terceiro ano. O tratamento nas escolas acontecia duas vezes ao ano. No primeiro ano, todas as crianças do grupo 1 presentes naquele dia receberam o medicamento, à exceção das adolescentes — não sendo o tratamento compatível com uma possível gravidez — e dos alunos cujos pais se opuseram formalmente. Ao contrário das conclusões dos estudos anteriores, uma melhora global da saúde de todas as crianças — tratadas ou não — foi constatada nessas escolas: os índices de infecção diminuíram, as taxas de hemoglobina aumentaram e as crianças ganharam peso e cresceram. O mais interessante é que o tratamento foi também um sucesso pedagógico: em média, o absenteísmo caiu 14%, o equivalente a quase dois meses suplementares de educação por criança. Além disso, o efeito indireto do programa (sobre as crianças não tratadas) mostrou-se tão importante quanto o efeito direto, o que demonstra a importância do contágio e explica os resultados decepcionantes dos experimentos anteriores. Esse efeito de contágio é um forte argumento para que se subvencione esse tipo de tratamento, pois gera um benefício social não levado em conta por quem decide se tratar ou não. Voltaremos a isso no próximo capítulo.

E não se trata de um resultado isolado. Na Índia, tratar as crianças contra a anemia reduz o absenteísmo.[23] O exemplo da erradicação dos vermes no sul dos Estados Unidos ou da malária no Sri Lanka, no Paraguai e no sul dos Estados Unidos[24] mostra igualmente que intervenções visando a melhoria da saúde permitem, ao mesmo tempo, aumentar o nível do ensino.

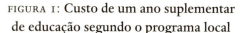

FIGURA 1: **Custo de um ano suplementar de educação segundo o programa local**

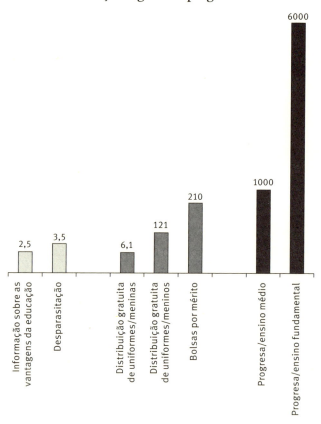

FONTES:
1) T. Paul Schultz, "School Subsidies for the Poor: Evaluating the Mexican Progresa Poverty Program", *Journal of Development Economics*, v. 74, n. 1, pp. 199--250, jun. 2004.
2) Michael Kremer, Edward Miguel e Rebecca Thornton, "Incentives to Learn", documento de trabalho, abr. 2008.
3) Esther Duflo, Pascaline Dupas e Michael Kremer, "Education and Fertility: Experimental Evidence from Kenya", documento de trabalho, jun. 2009.
4) Michael Kremer e Edward Miguel, "Worms: Identifying Impacts on Education and Health in the Presence of Treatment Externalities", *Econometrica*, v. 72, n. 1, pp. 159-217, jan. 2004.
5) Robert Jensen, "The Perceived Returns to Education and the Demand for Schooling", documento de trabalho, 2007.

Custos e benefícios

Antes de abordar a questão do conhecimento, seria útil nos debruçarmos sobre os diferentes resultados que acabamos de evocar, a fim de compará-los. As intervenções tinham todas o mesmo objetivo: aumentar o tempo que as crianças passam na escola. Como vimos, é possível alcançar esse objetivo reduzindo os custos (diretos ou de oportunidade), incentivando financeiramente uma presença mais regular, tornando mais visíveis as vantagens trazidas pela instrução e melhorando a saúde dos alunos. Todas essas intervenções "funcionam", todas têm um efeito positivo sobre a frequência escolar. Para escolher entre essas políticas e gastar da melhor forma um orçamento limitado, porém, deve-se determinar não somente a eficácia, mas o custo de cada uma, para então estabelecer uma relação entre ambos.

Uma vez que em todos esses campos dispomos de avaliações rigorosas, é possível combinar a avaliação do seu impacto e as informações sobre o respectivo custo para calcular o preço de um ano suplementar de educação obtido graças a determinada intervenção. Não se trata mais de comparar o custo dos programas (como frequentemente se faz para avaliar as ONGs), mas sim o custo relativo à sua eficácia. Calcula-se essa relação dividindo o custo do programa pelo total de anos suplementares obtidos entre todas as crianças atingidas por ele (que se calcula com a avaliação do impacto).

A figura 1, que ilustra os resultados desse exercício, mostra o custo de um ano suplementar de educação induzido por cada intervenção. O programa Progresa custa mil dólares para um ano suplementar de ensino médio (e bem mais para um ano suplementar de ensino fundamental). Isso porque as bolsas são relativamente consideráveis, ou seja, caras para o governo, e são pagas a famílias cujos filhos já seriam escolarizados de todo modo. A distribuição gratuita de uniformes no Quênia custa 61 dólares por ano suplementar para meninas e 121 dólares para meninos. No mesmo país, as bolsas por mérito custam 210 dólares por ano suplementar. A desparasitação na África custa apenas 3,5 dólares por ano suplementar, e os custos da intervenção para informar os pais sobre as vantagens da educação chegam a 2,5 dólares.

As ações mais difundidas hoje, centradas nos custos do ensino, têm então uma relação custo/benefício bem menos favorável que programas que levam em conta outras dificuldades e são muito mais confidenciais. Percebe-se, desse modo, a importância de avaliar os programas, não apenas para confirmar intuições sobre o que pode ou não ser eficaz, mas também para substituí-las por conhecimentos objetivos. Pois mesmo que nossas intuições sejam válidas, elas são também insuficientes, nos sugerindo ordens de grandeza equivocadas. Esses resultados não significam que devamos deixar de lado as transferências condicionais de renda, as distribuições de uniformes e as bolsas por mérito. Tais programas têm não só uma eficácia educativa, mas dão prova igualmente da capacidade de redistribuição em favor dos mais pobres. Para além da própria educação, servem a objetivos primordiais. Mas é importante sublinhar que, *como programas educativos*, não são os melhores disponíveis.

A transmissão do saber

Uma vez crianças matriculadas na escola, devidamente desparasitadas, com presença regular e conscientes dos proveitos gerados pelo ensino, podemos ter certeza de que elas estão aprendendo? Infelizmente não. Ano após ano, a pesquisa Aser na Índia mostra que metade das crianças escolarizadas não sabe ler um texto simples.[25] As intervenções que acabamos de citar não têm impacto algum sobre os conhecimentos gerais dos alunos, o que atesta a ineficácia do ensino. Todas essas medidas acarretam uma maior presença na escola, mas não correspondem a uma melhoria dos resultados no final do ano: as crianças não tiram proveito algum dos dias suplementares que passaram em sala de aula. Resumindo, presta-se de fato um serviço às famílias persuadidas a enviarem os filhos à escola se estes nada aprendem?

É igualmente interessante constatar que hoje em dia os pais superestimam o que os filhos aprendem. Em Uttar Pradesh, o estado mais povoado da Índia (seria o sexto país mais populoso do mundo, se fosse independente) e um dos mais pobres, fizemos, de um lado, testes de leitura com os alunos e, de outro, perguntamos aos pais o que achavam do nível de conhecimento das crianças.[26] Entre os pais de crianças incapazes de decifrar as letras, um sexto achava que elas liam correntemente! Apenas um terço deles percebia que o filho não sabia ler. Os conhecimentos em matemática são ainda mais superestimados: um quinto dos pais de crianças que nem sequer liam os algarismos achava que elas eram capazes de fazer divisões.

Não chega a ser surpreendente: os pais, não sabendo eles próprios ler ou fazer divisões, não conseguem verificar tais competências nos filhos. Como o fenômeno de escolarização maciça é relativamente recente, os pais confiam no sistema educativo. Uma vez que lhes disseram que os filhos adquiririam conhecimentos, eles acreditam. Mas, como vimos, eles também têm expectativas quanto aos proveitos da instrução. No dia em que perceberem que as crianças aprendem bem menos que o prometido, é possível que percam confiança e que os progressos alcançados em termos de escolarização sejam perdidos.

Reduzir o custo da educação não servirá para muita coisa se os pais deixarem de acreditar que a escola transmite a seus filhos um saber capaz de transformar a vida futura deles. Seria ao mesmo tempo hipócrita e perigoso nos aproveitarmos dessa ignorância (ou credulidade) dos pais para dar prosseguimento a uma política de escolarização maciça. Melhorar a qualidade do ensino é uma condição essencial para manter a confiança e a motivação dos pais (assim como das crianças, elas próprias futuros pais). A experiência adquirida em outras áreas (sobretudo na saúde) mostra que, perdida a confiança no bom fundamento das políticas públicas, é muito difícil recuperá-la. Melhorar a qualidade é então não só essencial, mas também urgente.

O que fazer? Uma primeira resposta, bem natural, consiste em alocar maiores recursos à educação. No Quênia, desde que a escola passou a ser gratuita, as turmas do ensino fundamental frequentemente comportam mais de oitenta crianças nas salas. Na Índia, as aulas são dadas muitas vezes ao ar livre, debaixo de sol, pois as escolas raramente têm mobiliário para todos os alunos e muito menos livros escolares. Uma segunda possibilidade é modificar a prática pedagógica, adaptando-a às necessidades do novo volume de estudantes. Uma terceira resposta se concentra na motivação dos professores. Como organizar o sistema educativo de forma a privilegiar as necessidades dos alunos, mais do que as dos educadores?

"Mais do mesmo": um fracasso

É possível melhorar a qualidade da educação investindo mais recursos (como recrutar novos professores, distribuir livros escolares etc.) sem alterar a pedagogia ou os incentivos para o estudo? A maioria das primeiras avaliações aleatórias realizadas em países em desenvolvimento, sobretudo por Michael Kremer, professor em Harvard e um dos pioneiros nesses métodos, tentava medir o impacto de intervenções desse tipo. Elas tinham alguns méritos: eram conceitualmente simples (tratava-se de estabelecer uma relação de causa e efeito entre distribuição de livros didáticos e resultados escolares); podiam ser facilmente postas em andamento (é mais fácil coletar dados se as crianças estão todas numa mesma escola, em vez de ir fazer perguntas em moradias isoladas); e eram unânimes quanto a uma suposta eficácia. Existe então toda uma série de avaliações visando dar maiores meios às escolas em diferentes contextos. Todos esses experimentos, porém, foram decepcionantes.

Em 1995, no Quênia, os livros didáticos eram raros: um dos primeiríssimos estudos randomizados consistiu em avaliar o impacto da distribuição desses materiais. Os primeiros resultados mostraram que isso não melhora o desempenho dos alunos. Michael Kremer, que realizou esse trabalho, mal acreditou no que viu. Retomou então o experimento numa escala mais ampla, e em vez de utilizar o teste de conhecimentos gerais oficial elaborou um novo. Mesmo assim, o impacto se mantinha insistentemente nulo: em média, as crianças não tiravam proveito algum dos livros escolares.[27] Cartazes pedagógicos não obtiveram melhor efeito.[28] Do mesmo modo, a redução do número de alunos por sala de aula não parece melhorar o desempenho escolar se não vier acompanhada de outras mudanças.[29] Tudo isso ficou demonstrado pelos experimentos realizados na Índia rural, na Índia urbana e no Quênia.

Como explicar esses resultados negativos, quando uma sala de quarenta alunos parece ser melhor para o aprendizado do que uma de oitenta? O experimento com a distribuição dos livros didáticos nos dá uma pista preciosa. Vimos que, em média, os resultados dos testes não melhoraram com a distribuição de livros suplementares. Examinando, porém, mais atentamente os dados, nota-se que os livros, ainda assim, ajudam alguns alunos: os que já estavam mais adiantados com relação aos outros antes da chegada do material. Se observarmos apenas os 10% melhores alunos antes da distribuição, constatamos que os que receberam os livros progrediram mais do que os que não receberam. No Quênia, não apenas há muitos alunos em cada sala, mas também de níveis muito heterogêneos. É o preço do sucesso: a política educacional torna o nível dos alunos muito desigual, inclusive no domínio da língua de ensino, o inglês, que é apenas a terceira língua das crianças vivendo em áreas rurais. Elas primeiro aprendem o dialeto local, depois o suaíli e só então o inglês — que os pais raramente falam. Ora, os livros escolares são em inglês, ainda que a maioria dos alunos compreenda mal a língua. Isso certamente explica por que apenas os melhores alunos puderam tirar partido do material distribuído.

Se essa explicação estiver certa, esses resultados são preocupantes: a pertinência dos programas escolares é posta em dúvida. Em muitos países em desenvolvimento, os programas datam do período colonial, quando importava formar uma elite local destinada a trabalhar na administração da colônia. Por muito tempo depois da independência, a educação continuou acessível apenas aos filhos das famílias importantes. Quando a educação se ampliou, os programas permaneceram como já eram, assim como o ensino, a seleção dos alunos e as expectativas dos professores. Na presença de um visitante, o comportamento destes últimos é, aliás, digno de nota: o quadro-negro fica repleto de equações difíceis, uma forma de o mestre mostrar sua alta competência. Ele ministra sua aula com impecável destreza; enquanto isso, as crianças olham pela janela, bem-comportadas, esperando que acabe. E não se trata de inaptidão da sua parte: ele está convencido de que é o que se espera dele.

Há uma segunda razão para a ineficácia das intervenções visando aumentar os recursos: a falta de motivação dos professores. Isso fica claro quando constatamos seu nível de absenteísmo. Por ocasião de um estudo do Banco Mundial realizado em 2002-3, inspeções-surpresa foram realizadas em escolas de vários países, durante o horário de funcionamento. Em Bangladesh, 16% dos professores estavam ausentes; na Índia, 25%; e em Uganda, 27%! O índice de absenteísmo mais fraco foi observado no Peru (11%).[30] Além disso, mesmo quando estão fisicamente na escola, os professores nem sempre ensinam. Na Índia, menos da metade dos professores presentes estava em sala de aula durante as visitas-surpresa. Uma pesquisa anterior havia levantado a lista de atividades a que se dedicavam: tomar chá, conversar com outros professores, preparar cartazes políticos, jogar baralho etc.[31] Se acrescentarmos o fato de que também as crianças não comparecem a um quarto dos dias de aula, pode-se concluir que um aluno passa, no final das contas, três oitavos do tempo previsto diante de um professor (isto é, quase um terço). Não surpreende, então, que este último não tenha tempo para cumprir os programas ambiciosos que são propostos.

Utilizar os recursos suplementares para mudar a pedagogia e a motivação

Tudo isso explica por que as intervenções que se limitam a fornecer mais recursos fracassam: os professores, pouco motivados, tiram às vezes partido desses recursos para trabalhar menos. No Quênia, para avaliar o impacto da redução do tamanho das turmas, um grupo de escolas recebeu uma proposta de orçamento incluindo um professor suplementar para o ensino fundamental. Esse professor, vindo da comunidade local, tinha contrato de um ano, renovável. O objetivo era formar duas turmas de cerca de quarenta alunos, em vez de uma só, de oitenta. Por um efeito perverso, no entanto, os professores habituais passaram a trabalhar menos: durante as visitas-surpresa a escolas que não foram contempladas com essa subvenção, 59% dos professores do fundamental cumpriam sua função; nas escolas com o professor suplementar, no entanto, apenas 34% trabalhavam de fato! Em muitos casos, os professores tinham resolvido juntar de novo as duas turmas, com o recém-contratado assumindo a totalidade dos alunos.[32]

Trata-se de um exemplo extremo, mas sintomático de um fenômeno mais geral: caso não se faça com que os recursos suplementares sejam realmente empregados para mudar a prática pedagógica e aumentar a motivação, eles não serão usados a favor das crianças. Por outro lado, as intervenções que utilizam uma bonificação (em dinheiro) para modificar as práticas pedagógicas e aumentar a motivação dos professores têm efeitos positivos. O trabalho feito pela Pratham, uma grande associação indiana especializada em educação,[33] é um bom exemplo disso. As ações da Pratham afetam milhões de crianças no país inteiro a partir das escolas públicas. Um desses programas, batizado Balsakhi ("o amigo das crianças"), organiza o apoio escolar. Duas horas por dia, o *balsakhi* (em geral uma jovem da comunidade que concluiu o ensino médio, mas não tem ainda o diploma para ensinar) trabalha com crianças que, apesar de estarem no terceiro e quarto anos do fundamental i, não dominam os conhecimentos de base (escrita, leitura, aritmética). Os alunos atrasados participam do curso de apoio em vez de assistirem às aulas normais.

Avaliamos o programa em duas cidades, Baroda, no Gujarat, e Bombaim.[34] Nos dois casos, a Pratham tinha orçamento suficiente para contratar um *balsakhi* por escola — para a totalidade dos estabelecimentos de ensino de Baroda e todos os de um bairro popular de Bombaim. Parecia absurdo escolher ao acaso escolas que já participavam do sistema, desconsiderando as outras. Propusemos, então, dividir aleatoriamente as escolas em dois grupos: um em que o programa se destinaria a alunos do terceiro ano e outro para alunos do quarto. Com isso, cada escola receberia ajuda, mas as turmas de terceiro ano não contempladas (nas escolas em que o programa favorecia o quarto ano) serviriam como grupo de controle para as turmas de terceiro ano auxiliadas, e vice-versa.

A avaliação do impacto de um programa sobre conhecimentos gerais impõe um problema de mensuração. É fácil comparar diferentes programas cujo objetivo consiste em aumentar o número de matrículas ou a assiduidade na escola. Mas como obter dados comparáveis com relação aos conhecimentos gerais? Cada teste tem questões diferentes, é mais ou menos difícil, é avaliado de forma diversa etc. Utiliza-se, então, uma medida padrão, expressa em função da distribuição dos resultados ao teste na população em questão. Essa medida atribui 0 à criança com resultados iguais à média, 1 àquela com resultados revelando um desvio padrão superior à média e −1 àquela cujos resultados revelam um desvio padrão inferior à média.[35] Na distribuição normal dos resultados de uma turma, um aumento de 1 significa passar dos resultados de um aluno que é o 84º numa turma de cem aos de um aluno do meio da turma, ou do 99º ao 90º. Graças a essa padronização, é possível comparar o impacto de todas as intervenções, mesmo que tenham sido realizadas em contextos diferentes e avaliadas por testes heterogêneos. Em geral, considera-se que se uma intervenção tem um efeito de 10% do desvio padrão o impacto é positivo, mas relativamente fraco; 20% corresponde a um impacto importante; se o efeito é de 30% ou mais, o programa é de fato eficaz.

Em média, o programa Balsakhi teve um efeito de 30% do desvio padrão. Se observarmos as crianças mais fracas no início (justo as que mais lucrariam com os cursos de apoio), o efeito é de 60% do desvio padrão, ou seja, um impacto extremamente importante. Em contrapartida, os melhores alunos nada ganham com o programa, mas se beneficiam ao fazer parte de uma turma menor e mais homogênea duas horas por dia (a metade de um dia de aula na Índia). Esse dado suplementar confirma que, sem mudança de pedagogia ou de motivação, reduzir o tamanho da turma não gera qualquer efeito.

A Pratham desenvolveu em seguida o programa Read India ("A Índia lê"), que busca objetivos similares em escolas rurais. Centrada na aprendizagem da leitura, a intervenção consiste em recrutar, nos vilarejos contemplados, voluntários que, após uma formação de duas semanas, ministram sessões intensivas de leitura durante alguns meses para crianças que não sabem ler (ou leem mal). Avaliamos esse programa em Uttar Pradesh. Nos vilarejos de controle (que não receberam o programa), apenas 40% das crianças que não decifravam as letras conseguem após um ano. Nosso estudo demonstra que o programa Read India expande essa proporção para 100%. Da mesma maneira, crianças que sabiam ler apenas as letras aprenderam a formar palavras, e crianças que sabiam ler palavras ou frases aprenderam a ler por completo.[36]

Programas como o Balsakhi ou o Read India mudam duas coisas ao mesmo tempo: de um lado, põem em cena um novo personagem, uma moça ou um rapaz motivado que realmente deseja que as crianças tenham sucesso; por outro, mudam a missão tradicional do professor. O trabalho desse educador consiste em seguir o currículo escolar, mesmo que as crianças não o sigam. O do *balsakhi* é ensinar as crianças analfabetas a ler. As avaliações nos permitem afirmar que o programa funciona, mas os resultados não são esclarecedores o suficiente para que possamos recomendar uma política educacional. Se o método pedagógico for o responsável pela diferença de resultados, bastaria formar professores segundo essas novas técnicas e levá-los a mudar suas prioridades. Se for um problema de motivação, seria bom dar aos *balsakhi* (ou aos voluntários) missões maiores que o simples ensinamento das bases. É importante avaliar separadamente esses dois aspectos.

Com esse objetivo, e para verificar se os resultados obtidos na Índia podem ser generalizados para outros contextos, avaliamos um programa similar no Quênia, graças a um protocolo experimental concebido especialmente para a distinção desses dois efeitos.[37] Já vimos que a gratuidade da escola primária provocou a superlotação das salas de aula. Paralelamente, muitos jovens formados para ensinar estão desempregados, sem que os governos possam aproveitá-los por falta de orçamento. Antes, as contribuições que os pais davam às escolas eram por vezes utilizadas para recrutar um professor suplementar da localidade por um prazo determinado. Não estando mais autorizadas a solicitar esse tipo de ajuda, as escolas precisaram enfrentar, ao mesmo tempo, um maior número de alunos e a diminuição do pessoal. Em colaboração com a International Child Support, uma ONG holandesa, conseguimos do Banco Mundial uma verba que permitiu a 140 escolas recrutarem um professor suplementar, com contrato análogo ao que as escolas costumavam praticar (por um ano, renovável caso a escola estivesse satisfeita).

Independentemente do caso queniano, o interesse do Banco Mundial por esse programa veio da constatação de que, por razões financeiras, os países em desenvolvimento utilizam cada vez mais esse tipo de contrato para os professores. Esses acordos de curta duração são empregados também para atenuar a resistência de professores em aceitar postos afastados das cidades grandes. Em algumas regiões, o recrutamento de professores permanentes é suspenso, e as novas admissões só ocorrem por meio de contratos de duração limitada. Torna-se então particularmente importante determinar o efeito de se recorrer a esse tipo de educador no lugar dos professores habituais. Há quem receie que essa inovação se faça em detrimento da qualidade da educação (esses novos professores costumam ser menos qualificados, ainda que não seja o caso no Quênia, e quase sempre têm menos experiência). Outros analistas, pelo contrário, consideram que os contratos de curta duração aumentam a motivação dos professores. Uma avaliação feita na Índia demonstra que, quando uma escola tem, além da sua cota de titulares, um professor temporário, os resultados dos alunos melhoram.[38] Mas isso indica apenas a utilidade de se acrescentar um professor contratado, e não que os professores temporários sejam melhores (ou piores) para os alunos que os titulares.

No Quênia, o protocolo experimental foi concebido da seguinte maneira: 140 escolas, escolhidas ao acaso entre 210, receberam verba necessária para recrutar um professor qualificado que estivesse sem emprego para a turma do ensino fundamental. Isso permitia que se dividisse uma turma em duas (ou, em certos casos, passar de duas a três turmas). Em colaboração com as escolas, tentamos em seguida compreender como utilizar da melhor forma esse novo recurso. A figura 2 ilustra o protocolo experimental. Um grupo de 140 escolas é favorecido com um professor suplementar e outras setenta formam o grupo de controle. Por sua vez, as escolas contempladas são repartidas aleatoriamente em vários grupos. Em metade das escolas foram formados grupos de nível: a turma foi dividida em dois grupos, de acordo com os resultados dos alunos no primeiro trimestre (os quarenta primeiros numa turma e os quarenta seguintes na outra). Na outra metade das escolas, as crianças foram distribuídas ao acaso, também em duas turmas. Nesse segundo caso, os dois grupos são então heterogêneos, enquanto no primeiro são homogêneos e de nível diferente. Isso nos permite responder a uma primeira pergunta: a variação de nível dos alunos torna o trabalho dos professores difícil demais para ser eficaz?

O segundo ponto importante nesse estudo diz respeito ao impacto da motivação do professor. Mais vale um profissional jovem e sem experiência, mas muito motivado (pois dispõe de um contrato de apenas um ano e quer "mostrar serviço" para renová-lo ou até ser efetivado), ou um titular mais experiente, porém com menos ânimo? Para melhor esclarecer esse aspecto, depois de formados os grupos os professores sortearam quem

FIGURA 2: **Protocolo experimental de uma avaliação randomizada no Quênia**

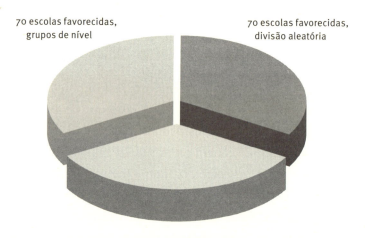

70 escolas favorecidas, grupos de nível

70 escolas favorecidas, divisão aleatória

70 escolas, grupo de controle

FONTE: Esther Duflo, Pascaline Dupas e Michael Kremer, "Peer Effects and the Impact of Tracking: Evidence from a Randomized Evaluation in Kenya", documento de trabalho, nov. 2008.

ficaria com qual turma, o que permitiu que comparássemos o desempenho dos alunos sob os dois tipos de professores.

Graças a esse experimento em diversos níveis, podemos aprender mais sobre os efeitos da pedagogia sem que precisemos nos limitar ao impacto do tamanho das turmas. Os resultados são interessantes. Para começar, os grupos classificados por nível são benéficos para todas as crianças: em média (pelo tamanho da turma e por seu tipo de professor), os alunos têm resultados 14% superiores ao desvio padrão nas escolas em que foram divididos por nível, em comparação com aquelas que formaram turmas ao acaso. E o mais importante é que o mesmo efeito pode ser observado tanto entre as crianças mais atrasadas quanto entre as adiantadas. Os grupos de nível, no entanto, costumam ser bons para os melhores alunos, que se acompanham, mas não tanto para os piores, que perdem a vantagem de estudar com colegas mais adiantados. É perfeitamente possível que tais resultados não possam ser estendidos a um país como a França, com estruturas de ensino muito diferentes, mas sugerem que, pelo menos no contexto analisado, uma grande heterogeneidade de níveis numa mesma turma parece ser um problema para os professores. Tornar as turmas mais homogêneas permitiria, com certeza, um ensino melhor. Observando os dados em detalhes, constata-se que os grupos de nível ajudam as crianças mais atrasadas a dominarem com rapidez os conhecimentos de base, enquanto as adiantadas progridem de forma particularmente veloz em áreas mais avançadas. Esse experimento confirma então o papel da pedagogia e, mais ainda, a importância de um ensino adaptado ao nível das crianças.

Uma segunda conclusão é que os resultados dos alunos dos professores novos são 18% superiores ao desvio padrão se comparados aos dos professores titulares: o papel da motivação se mostra bem claro. Seria evidentemente perigoso concluir que todos os postos de professor no Quênia devam se tornar temporários: os novos professores talvez se mostrem mais motivados justo pela expectativa da titularidade. Mas podemos ao menos concluir ser importante encontrar fatores que incentivem os professores.

Motivar os professores: o papel dos estímulos financeiros

Os jovens educadores do Quênia são mais motivados que seus colegas mais velhos, sem dúvida pela expectativa de alcançar a titularidade, mas talvez também por serem jovens, estarem começando a carreira: os resultados do programa queniano não evidenciam, portanto, o papel dos estímulos financeiros. Há em todo o mundo diversos programas que permitem que a remuneração dos professores varie em função dos resultados dos alunos. Nos Estados Unidos, a lei No Child Left Behind ("Nenhuma criança deixada para trás") expõe, por exemplo, a escola a sanções (a mais pesada sendo seu fechamento) se os alunos, em sua totalidade, não alcançarem um nível mínimo, medido por testes padronizados. As avaliações do programa No Child Left Behind, contudo, não são animadoras: revelam que os professores manipulam os resultados nos testes, selecionando os alunos com potencial de ser aprovados (os outros vão para turmas de crianças com dificuldades),[39] adequando o ensino ao exame ou mesmo trapaceando para favorecer seus pupilos.[40]

Duas avaliações aleatórias foram concebidas para medir o efeito dos programas de estímulo em países em desenvolvimento como o Quênia e a Índia. Nos dois casos, o programa recompensa os professores do distrito escolar onde os alunos mais demonstraram ter progredido. No Quênia, a curto prazo, as crianças são aprovadas com mais facilidade nas escolas em que o programa foi estabelecido, mas são progressos não duradouros. Assim que a ação é suspensa, esses avanços desaparecem (ao contrário de outros programas, como o dos grupos de nível, em que os resultados persistem).[41] Tudo indica, então, que esse programa não consegue reforçar de forma sustentável os conhecimentos dos alunos. Analisando em detalhe o comportamento dos professores, tem-se a impressão de que eles melhoraram os resultados das crianças graças a uma série de pequenas manipulações, ensinando-lhes técnicas para passar nos testes (por exemplo, responder a todas as perguntas de múltipla escolha, mesmo que ao acaso), organizando uma sessão de orientação pouco antes da prova etc. Na Índia, os resultados iniciais igualmente sugerem uma melhora a curto prazo, mas, na ausência de resultados de longo prazo, é impossível saber ao certo se esse progresso é duradouro.[42]

De maneira geral, podemos então dizer que é bastante discutível o sucesso dos programas que tentam motivar os professores recompensando-os de acordo com os resultados dos alunos: os testes podem ser manipulados facilmente e sem muito esforço. Vimos que os professores muitas vezes deixam de dar suas aulas: pode-se melhorar seu desempenho multando essas faltas? Em colaboração com a Seva Mandir, uma ONG do Rajastão que trabalha essencialmente com populações pobres de uma região muito árida, avaliamos um programa que incentiva os professores a terem presença mais regular.[43] Às crianças do interior, para as quais a escola é longe demais ou mal adaptada, a Seva Mandir propõe pequenas escolas informais com uma turma única, reunida sob um alpendre ou uma árvore. Os professores são moradores da localidade que concluíram o ensino médio ou o fundamental. Contudo, como há um só professor e os vilarejos são muito afastados uns dos outros, é impossível para a ONG verificar se as aulas de fato estão sendo ministradas. Uma pesquisa realizada antes do início do experimento havia revelado que os professores estavam ausentes 44% do tempo.

Reduzir o absenteísmo dos professores era então uma prioridade para a Seva Mandir. A associação desejava ajustar e testar um programa com esse objetivo. Foi dada a cada professor ou professora uma máquina fotográfica capaz de marcar dia e hora e pediu-se que ele ou ela tirasse uma foto da turma duas vezes por dia. Os professores recebiam um salário mensal fixo e, a partir de dez dias de trabalho, um bônus por dia de presença suplementar. A iniciativa logo gerou uma importante redução do absenteísmo. Nas sessenta escolas-piloto, o índice de faltas caiu imediatamente pela metade (de 44% para 22%) e permaneceu nesse patamar não só enquanto o projeto durou, mas também quando, ao fim do período avaliado, a Seva Mandir transformou o experimento numa política permanente. Para surpresa da instituição, os professores ficaram felizes com o projeto: o estabelecimento de uma regra clara (o salário estava condicionado à assiduidade) fez com que eles fixassem uma prioridade — a presença regular na escola — e recusassem outras tarefas que costumam ser confiadas às raras pessoas instruídas de um vilarejo. Pode-se ver com isso que o absenteísmo dos professores não é causado apenas pela falta de motivação: resulta também da definição de prioridades. Além disso, estando presentes na escola com mais regularidade, os professores sentem que seu trabalho educacional é mais respeitado pelos pais dos alunos e pelo vilarejo como um todo.

Esse aumento da presença faz com que os alunos tenham melhores resultados? É o que se supõe a princípio. Mas não se deve deixar de lado o risco de os professores, diante da obrigação da assiduidade para serem pagos, acharem que seu trabalho termina assim que passam da porta da escola. Na prática, visitas-surpresa mostram que as atividades desses professores não caíram de nível e nada indica que fossem menos eficientes que antes. Além disso, percebe-se que as crianças dessas escolas têm progressos mais rápidos: um ano depois, os resultados em testes tiveram um aumento de 17% do desvio padrão com relação aos do grupo de controle. Elas têm maiores chances também de integrar uma escola regular, conseguindo passar num exame de nivelamento.

O programa em questão não foi pensado para ser estendido pelo governo indiano. Estava adaptado à ação da Seva Mandir (que continua a utilizá-lo) e poderia se adequar a outras ONGs do mesmo tipo, mas seria difícil difundi-lo. No Quênia, aliás, uma tentativa similar em escolas públicas fracassou. O programa foi estabelecido em instituições do ensino fundamental sob a supervisão do diretor, que devia acusar as ausências, e os professores assíduos recebiam uma bicicleta de recompensa. Segundo os diretores, a operação foi um sucesso: todos os professores ganharam a bicicleta. Infelizmente, as visitas-surpresa revelaram que, na verdade, os professores faltavam nas escolas sob o programa tanto quanto nas escolas comparativas. No próximo capítulo, estudaremos outros exemplos provando que o conluio é perfeitamente possível entre os funcionários e seus superiores. No fundo, o programa administrado pela Seva Mandir funcionou bem graças à motivação da própria associação.

Não se deve concluir, com esse tipo de experimento, que é preciso colocar máquinas fotográficas em todas as escolas, e sim que é importante encontrar meios para motivar os professores: vale a pena. Eles são capazes de trabalhar mais se lhes derem uma boa razão para isso — o que se traduz em um benefício imediato para as crianças.

Reformar o sistema

Se a motivação dos professores é um elemento essencial para o sucesso dos alunos, nem sempre programas mais simples, como o controle sistemático de presença, podem ser generalizados. Como, nesse caso, reformar o sistema educacional de países em desenvolvimento para aumentar o nível de motivação?

Todo poder aos pais?

Uma solução que se tornou quase lugar-comum consiste em aumentar a vigilância dos pais sobre os professores. Os pais estão próximos da escola, logo podem ver o que acontece ali e são os primeiros interessados no assunto. Dar maior poder a eles deveria naturalmente melhorar o funcionamento da instituição. Apesar de serem raras as avaliações, esse princípio é tão aceito que um plano para garantir a participação dos favorecidos é hoje em dia obrigatório para que se receba assistência do Banco Mundial.[44] A Índia não é exceção. O programa Sarva

Shiksha Abhiyan ("Educação para todos") é uma política pública ambiciosa que busca melhorar a qualidade da educação. Para esse programa, o governo federal distribuiu aos diferentes estados mais de 100 bilhões de rupias em 2006-7 (0,2% do PIB). O projeto prevê também a criação de conselhos escolares em todos os vilarejos. Os pais de alunos são representados nesses conselhos, devendo controlar as finanças da escola, assim como o bom andamento das turmas. O conselho pode também recrutar professores locais por contrato temporário.

Mas há uma boa distância entre a teoria e a prática. Mesmo que esses conselhos existam no papel desde 2001, sua criação real está longe de ser consolidada. Em 2005, na região de Jaunpur (em Uttar Pradesh), interrogamos os pais a respeito dos conselhos escolares: 92% deles ignoravam inclusive a sua existência. Apenas 3% deles conseguiam citar ao menos um pai ou mãe que fosse membro do conselho. E o mais grave: um quarto dos próprios membros do conselho nem sequer tinha ciência de fazer parte da iniciativa. E os que sabiam ignoravam quais eram as suas funções, principalmente a que permitia recrutar professores suplementares. Os conselhos se mantiveram então como letra morta.[45]

A já mencionada associação Pratham, que busca mobilizar cidadãos para complementar os esforços do governo em favor da educação, resolveu tentar uma retomada desses comitês, incentivando os pais a assumirem o lugar que a lei lhes assegurava no sistema educacional. A entidade lançou uma campanha de mobilização, passando vários dias em cada vilarejo para conversar com os pais, primeiro em pequenos grupos e depois numa reunião pública à qual foram convidados o prefeito, o diretor da escola e os professores. Debatia-se a respeito do estado da educação na localidade e sobre os meios colocados à disposição do conselho escolar e dos pais para melhorar a situação. Em certos vilarejos, as reuniões eram precedidas por um exercício em que voluntários aprendiam como aplicar um teste simples de conhecimentos gerais às crianças da comunidade. Em algumas dessas localidades, a Pratham igualmente introduziu o programa Read India, que já citamos: depois da reunião, a ONG propunha recrutar e formar voluntários que conduzissem sessões intensivas de leitura. Como já vimos, o Read India era muito eficaz: foram organizadas sessões em quase todos os vilarejos e, em média, 8% das crianças as seguiram. É então possível mobilizar voluntários (e alunos) quando uma perspectiva de ação concreta, fora do sistema escolar tradicional, é proposta. Nos vilarejos em que, não tendo sido oferecida essa opção, houve apenas campanhas de mobilização, os esforços da Pratham não tiveram efeito: nem a implicação dos pais, nem o comportamento dos professores, nem os recursos conferidos à escola, nem os resultados: nada mudou.

No Pendjab, uma região do Paquistão, o programa Leaps (Learning and Educational Achievements in Punjab Schools) colocou à disposição dos pais uma informação detalhada sobre os resultados de um teste de conhecimentos gerais feito com todos os alunos em vilarejos escolhidos ao acaso.[46] Eram comunicados aos pais os resultados do filho, bem como os dos colegas e os de crianças de outras escolas da região. Um ano depois, nos vilarejos onde o programa atuava, os resultados dos testes melhoraram nas escolas particulares, sobretudo naquelas em que as notas tinham sido inicialmente fracas. Contudo, quase não houve mudança nas escolas públicas. Os pais dos alunos das escolas particulares que haviam obtido resultados mais fracos que a média tinham ido se queixar com os diretores, mas os das escolas públicas não tiveram a mesma reação. Uma conclusão similar se impõe: informar os pais faz com que eles tomem uma atitude (o que prova que a educação é um assunto que os preocupa), mas apenas quando uma ação relativamente direta é possível. Isso explica por que, em países como a Índia ou o Paquistão, a deterioração qualitativa da escola pública teve como consequência uma fuga maciça para as escolas particulares, não subvencionadas.

Mas tais resultados não são universais: outros experimentos levaram a conclusões mais otimistas. No Quênia, no âmbito de um programa em que as escolas eram financeiramente estimuladas a recrutar um professor temporário, o dinheiro era confiado aos conselhos escolares, que fizeram o necessário para contratar um. Além disso, em metade das escolas do programa, uma ONG ofereceu aos pais do conselho uma formação de um dia sobre como gerir esses fundos e verificar se as escolas os utilizavam da melhor maneira para aprimorar o aprendizado no ensino fundamental. Nessas escolas, os resultados foram melhores do que naquelas onde o dinheiro foi distribuído sem qualquer formação.[47] Em Madagascar, o governo preparou para cada estabelecimento "painéis de controle" que indicavam de forma clara os recursos da escola, o índice de abandono escolar e os resultados das provas de fim de ano, comparando-os aos de outras instituições. O simples fato de distribuir esses documentos nas escolas não surtiu nenhum efeito. Naquelas, porém, em que uma ONG reunia pais e professores em torno desse painel de controle, pedindo que identificassem os problemas maiores da escola e preparando em seguida um plano de ação para resolvê-los, os resultados melhoraram.[48]

A análise dos diferentes experimentos não nos permite concluir que uma maior participação dos pais na escola pública seja sistematicamente útil ou inútil. Um parâmetro importante nesse contexto talvez seja o grau de autonomia das instituições (elas são administradas de maneira descentralizada no Quênia e muito centralizada na Índia e no Paquistão), mas estamos longe de dominar todos os componentes dessa questão. O que se deve concluir, contudo, é que o estímulo à "participação" não basta: instituir comitês de pais de alunos de forma alguma garante a eficácia. Oferecer informação e mobilizar os pais não os leva de fato a agir, exceto quando concebem um meio relativamente direto para organizar uma ação.

Privatizar a escola?

O financiamento público da educação não exige que as escolas sejam propriamente públicas. Certos Estados (por exemplo o Chile) distribuem vales a todas as crianças e elas mesmas escolhem utilizá-los numa escola pública ou particular. O sistema francês de escolas particulares sob contrato, que recebem ajuda do Estado de acordo com seus efetivos e do seu grau de conformidade aos programas oficiais, não é muito diferente. No que diz respeito aos países em desenvolvimento, muitos observadores concluem que a privatização permitiria melhorar sensivelmente a qualidade da escola: o controle sobre os professores seria maior e os pais se tornariam mais ativos. Mas o que dizem as avaliações?

Quando refletimos sobre as consequências da privatização, a primeira dúvida é quanto aos efeitos da escola particular sobre as crianças, num contexto em que a maioria dos demais alunos de mesma idade frequenta a escola pública. No jargão dos economistas, trata-se de uma questão de "equilíbrio parcial". Na Colômbia, os vales foram distribuídos por meio de um sorteio lotérico. O estudo dos resultados mostra que aqueles que ganham um vale no sorteio se matriculam em geral numa escola particular. Os resultados desses "ganhadores" são melhores: no final do ciclo, eles têm mais chances que os outros de concluir o ensino médio e ser aprovados no exame de conclusão dos estudos, no qual obtêm as melhores notas.[49]

Na Colômbia de hoje, a escola particular é melhor que a pública. Porém, se o sistema de vales fosse generalizado, tanto a oferta pública quanto a privada mudariam bastante: as escolas públicas talvez melhorassem se respondessem à pressão da concorrência. Mas é igualmente possível que as escolas públicas ficassem apenas com os alunos mais pobres ou menos interessados em aprender, como acontece na França em certos colégios de periferia. Novas escolas poderiam surgir para responder à demanda dos alunos mais motivados, e sua qualidade por certo seria outra. Assistiríamos a uma distribuição diferente das crianças nas escolas, em função do nível e do meio social.

Vemos aqui um caso em que um experimento em pequena escala não nos permite obter as respostas de que precisamos para guiar uma tomada de decisão política. De fato, para conhecer o efeito global da privatização, os experimentos deveriam ser aplicados ao nível do mercado escolar como um todo, mas isso ainda não ocorreu. Na Índia, uma avaliação atualmente em curso em Andhra Pradesh, aleatória, é feita no plano de um vilarejo ou de um grupo de vilarejos. Em certas localidades, todas as crianças recebem vales que decidem utilizar ou não, pois os diferentes vilarejos são distantes o bastante uns dos outros para constituir mercados escolares distintos. Isso pode nos ajudar a estudar o impacto da privatização sobre determinado mercado escolar, mas não seus possíveis efeitos sobre a seleção dos professores ou sobre outros fatores mais de longo prazo.

Em certos países onde não há o sistema de vales (Índia, Paquistão) e nos quais os pais devem pagar a totalidade dos custos de uma escola particular se não quiserem enviar os filhos a uma pública, a educação é, ainda assim, privatizada de facto. Nas áreas urbanas de cinco estados importantes da Índia, mais da metade das crianças está matriculada em escolas particulares. Em áreas rurais, as particulares têm menos alunos, mas ainda em quantidade expressiva (37% em Uttar Pradesh e 22% no Paquistão).[50] Nesse tipo de contexto, um sistema de vales ou de subvenção das escolas particulares remediaria uma situação existente, em que a escola pública não cumpre mais o seu papel. Se os vales fossem concedidos apenas às crianças mais pobres ou às escolas particulares menos caras, isso poderia ser visto como um esforço de redistribuição para as famílias carentes que já escolheram o ensino privado.

Nesses sistemas amplamente privatizados, resultantes ou não de uma política clara, é importante fornecer aos pais a informação que lhes permitiria fazer a melhor escolha. Sendo o setor privado muito pouco regulamentado (qualquer pessoa pode abrir uma escola), a qualidade varia bastante de uma instituição a outra. E os pais, muitas vezes analfabetos, nem sempre são capazes de notar a diferença. Um sistema de vales teria a vantagem de impor uma barreira mínima de qualidade que fizesse as escolas serem creditadas, o que facilitaria a escolha dos responsáveis. De qualquer forma, mesmo sem um sistema assim, é essencial que o governo assuma esse papel.

Infelizmente é difícil avaliar a qualidade de uma escola: o nível médio dos resultados em provas reflete mais os alunos do que a qualidade dos professores (vemos o mesmo fenômeno na premiação dos liceus na França). Impor um nível mínimo parece ser uma etapa indispensável, mas é igualmente útil fornecer mais informações aos pais sobre a qualidade da instituição. Já observamos que o projeto Leaps, no Paquistão, que comunicava aos pais os resultados de um teste de conhecimentos gerais, não teve efeito sobre o desempenho dos alunos em escolas públicas, mas gerou expressiva melhora em escolas particulares, dada a maior participação dos responsáveis. Não podemos então nos limitar a essa questão binária: "Deve-se privatizar ou não a educação?". Por outro lado, precisamos nos questionar como acompanhar os pais da melhor maneira, sendo o sistema educacional como é.

Mudar a escola

Hoje compreendemos melhor o que motiva pais, professores e crianças. Os pais parecem ter entendido a importância da instrução e se dispõem a matricular os filhos em escolas. A redução dos custos da educação contribuiu para a sua generalização e permitiu que se redistribuíssem os recursos, favorecendo os mais pobres. Para manter esse nível de entusiasmo, todavia, é essencial e urgente melhorar a qualidade do ensino, para que os pais não se sintam decepcionados nem desanimem.

Já os professores são pouco motivados, muitas vezes ausentes, e, mesmo quando estão na escola, nem sempre dão aula.

A curto prazo, essa falta de motivação poderia ser remediada com remunerações que levem mais em conta os esforços aplicados (contrato temporário em vez de permanente, penalização das faltas etc.). A longo prazo, porém, os professores necessitam, acima de tudo, ver que maiores responsabilidades lhes são confiadas. Com os alunos e os programas sendo o que são, os professores são forçados a uma tarefa que não podem humanamente cumprir: é impossível ensinar noções avançadas a crianças que não sabem ler. Por outro lado, uma associação como a Pratham consegue fazer com que voluntários e auxiliares com baixa remuneração trabalhem ao lhes dar um objetivo simples e meios para alcançá-lo. Assim, as crianças podem realmente aprender a ler e, quando conseguem, é um verdadeiro sucesso para ela e para o professor.

As decisões das próprias crianças são muitas vezes deixadas de fora das discussões sobre o ensino. Entretanto, a taxa de absenteísmo delas é também elevada: em Uttar Pradesh e no Rajastão, os alunos faltam às aulas um dia a cada três; no Quênia, um dia a cada quatro. Uma parte dessas faltas se explica por doenças e outra (menor) está ligada ao fato de terem de cumprir funções em casa. Muito frequentemente, porém, as crianças apenas matam aula por se entediarem na escola.

Me parece que uma primeira etapa para melhorar a qualidade do ensino consistiria em mudar a escola, buscando fazer com que professores e alunos tenham prazer em frequentá-la graças a programas mais adaptados, mas também a jogos e atividades esportivas. É claro, não se trata de propor uma escola "barata" para pobres (o que professores e pedagogos temem quando se fala em simplificação dos programas), mas uma instituição que admite a diversidade do seu público, sabendo se concentrar nos conhecimentos fundamentais em vez de prometer muito na teoria e nada realizar de fato.

Ainda que compreendamos melhor o que motiva esses três atores sociais — pais, crianças e professores —, continuamos sem saber como organizar o sistema escolar para que todos esses ingredientes estejam presentes. As grandes reformas sistêmicas (envolver mais os pais, privatizar a escola etc.) têm efeitos bem menos claros do que seus defensores querem admitir. Mesmo que se trate mais de uma questão de economia política do que de educação propriamente dita, os elementos que apresentamos aqui podem (e devem) fazer parte da reflexão. Eles de fato nos esclarecem quanto aos objetivos que o sistema educacional deve cumprir para garantir sua função essencial, claramente resumida no lema da Pratham: "Para que toda criança possa ir à escola e que todas aprendam".

2. A saúde: comportamentos e sistemas

NÃO SE PODE LUTAR CONTRA a pobreza sem agir a favor da saúde. Quase 9 milhões de crianças morrem anualmente antes de completar cinco anos de idade, a maior parte por doenças como rubéola ou diarreia, que poderiam ser evitadas ou curadas. Em qualquer faixa etária que seja, os pobres morrem mais facilmente que os outros, mesmo num vilarejo. As relações recíprocas entre saúde e nível social podem gerar círculos viciosos. Um problema de saúde às vezes lança uma família inteira na pobreza, privando-a de um rendimento ou impondo-lhe novas despesas. Por outro lado, a pobreza deteriora a saúde, pois impede que se procure um médico, que se tratem doenças crônicas, que se tenha uma alimentação adequada.

Uma parte da solução depende evidentemente da pesquisa clínica: o desenvolvimento de vacinas baratas contra a aids, a malária, a meningite por pneumococos ou os rotavírus (duas vacinas já existem, mas não são acessíveis nos países em desenvolvimento) teria consequências impactantes para a saúde nas nações mais pobres. Por outro lado, os comportamentos, a ignorância e os preconceitos têm um papel tão essencial quanto: a cada ano, 25 milhões de crianças deixam de receber as vacinas básicas, embora sejam amplamente disponibilizadas. Mesmo que novas vacinas sejam desenvolvidas, elas ainda teriam que ser distribuídas e utilizadas. Deve-se então refletir sobre o que determina os comportamentos com relação à saúde.

A saúde em Udaipur

Comecemos com um exemplo concreto: a situação em Udaipur, na Índia. Isso nos ajudará a identificar certo número de fenômenos-chave: a organização da oferta em matéria de saúde pública e privada, a fraca demanda por tratamentos preventivos e a procura, bem mais frequente, de tratamentos curativos. A região de Udaipur faz parte do Rajastão, um dos grandes estados do norte da Índia. Esse destino turístico é sobretudo uma região muito pobre, que abriga uma minoria particularmente deserdada: os membros das antigas "tribos" autóctones, mantidas à margem do sistema de castas. Graças ao encontro com a Seva Mandir, ONG de Udaipur, tive oportunidade de conhecer bem a região, que inspirou bastante minha pesquisa.

Há mais de cinquenta anos, a Seva Mandir trabalha exclusivamente nos vilarejos mais pobres, com uma abordagem global que leva em conta o ensino, a saúde, o meio ambiente e a manutenção de atividades que gerem renda. Em 2002, Neelima Khetan, diretora da ONG, contatou meu colega Abhijit Banerjee pedindo uma opinião sobre como a associação poderia melhorar sua ação no campo da saúde, e ele propôs que trabalhássemos no projeto. Como não sabíamos quais eram os problemas mais importantes, sugerimos começar com uma pesquisa nos vilarejos sobre o estado de saúde da população e sobre a demanda e a oferta de serviços de saúde na região. Esperávamos, após a análise dos dados coletados e a consulta a todos os agentes locais trabalhando no setor (representantes das ONGs e do governo, médicos etc.), estar aptos a propor algumas pistas, explorá-las através de experimentos in loco e extrair destes possíveis recomendações em termos de programa a seguir, tanto pela Seva Mandir quanto por outras organizações. Esse processo, iniciado em 2002, só se concluiu em 2009.

De 2002 a 2003, a pesquisa inicial abrangeu cem vilarejos. Em cada um, todos os membros de dez famílias escolhidas ao acaso respondiam a um questionário detalhado e forneciam um histórico de saúde. Em seguida, as 451 clínicas particulares que essas famílias tinham frequentado ao longo do ano foram contatadas, assim como os 143 ambulatórios e hospitais públicos da região, sem esquecer alguns curandeiros tradicionais (*bhopas*). Vários elementos marcantes surgiram nessa pesquisa.[1] Primeiro, percebeu-se que o estado de saúde geral era ruim. As pessoas entrevistadas se queixavam de muitos sintomas. Por exemplo, 33% reclamavam de febre (como sintoma grave, 14%) e 23%, de dores abdominais (severas para 9%). Trata-se então de uma população que não se encontra em bom estado clínico e tem consciência disso. Não é surpreendente, tendo em vista os números mostrados pelos indicadores de saúde: 88% das mulheres e 93% dos homens são malnutridos (com índice de massa corporal abaixo de 19);[2] 89% das mulheres e 46% dos homens têm dificuldades respiratórias (fluxo respiratório máximo médio abaixo da marca de 350 mililitros);[3] 56% das mulheres e 51% dos homens são anêmicos (menos de onze gramas de hemoglobina por decilitro de sangue para as mulheres, menos de treze para os homens).

Anemia significativa, assim como peso insuficiente, são sintomáticos de carências nutricionais. Essa má nutrição não se concentra em Udaipur; de fato, a deterioração do estado nutricional da população, acompanhando a explosão do crescimento econômico, constitui um dos paradoxos da Índia moderna. Em 1983, 65% da população consumia menos calorias que o recomendado (2400 calorias por dia na área rural, 2100 na urbana). Em 2004-5, após quase vinte anos de crescimento econômico e redução da pobreza, essa proporção, em vez de diminuir, havia chegado a 76%.[4] Outros indicadores confirmam o fato: em particular, não se observa qualquer melhora na condição nutricional das crianças no mesmo período.

Mesmo os mais pobres têm consideráveis despesas de saúde a enfrentar: empregam em média 7% do orçamento familiar com esses serviços, ou seja, mais do que os habitantes de países ricos. Nas famílias entrevistadas, em média, um dos seus membros buscava ajuda médica a cada dois meses. Entre os mais pobres, apenas um quinto das visitas era feito a centros públicos de saúde (ambulatório ou hospital), enquanto metade era dirigida a consultórios particulares. O restante recorria ao *bhopa*, o curandeiro tradicional. Os mais ricos também pouco frequentam os centros públicos, mas procuram menos os *bhopas*. Além disso, ao contrário dos tratamentos curativos, que são onipresentes, os tratamentos preventivos são pouco praticados. Por exemplo, apenas 2% das crianças entre um e dois anos estavam com as vacinas básicas em dia, apesar da gratuidade.

Percebe-se então que a oferta de saúde está dominada pelo setor privado, não regulamentado e cujas ações, é claro, não são reembolsáveis. A qualificação desses médicos particulares (apesar de fazerem uso da medicina moderna) é bastante limitada: entre aqueles que se declaram médicos e possuem consultório próprio, 29% portam um diploma de medicina generalista e 27% têm, além disso, uma especialidade; os 44% restantes não apresentam qualquer qualificação médica e 14% deles nem sequer têm uma formação ligada à saúde.

Um desses últimos nos explicou como, tendo concluído o ensino médio e não encontrando trabalho em Bengala, fora para Udaipur e se estabelecera como médico. Semelhante situação seria menos preocupante se esses consultórios servissem como primeiro ponto de contato e os pacientes fossem posteriormente (se necessário) encaminhados a colegas mais qualificados. No entanto, esses autoproclamados doutores se comportam como tais: tratam e não hesitam em receitar antibióticos e aplicar transfusões. Durante as consultas, em 68% dos casos o paciente recebe uma injeção (de antibióticos, em geral); em 12%, uma transfusão. Exames (de sangue, radiografias etc.) só muito raramente (em 3% das visitas) são pedidos. Esses "médicos" inclusive demonstram certa criatividade terapêutica: um tratamento muito comum consiste em aplicar uma dose única de antibióticos, o que provoca uma forte progressão das infecções resistentes.

Na teoria, o setor de saúde pública em Udaipur corresponde ao sistema ideal num país em desenvolvimento, que procura garantir acesso aos tratamentos essenciais mesmo em lugares isolados: centros regionais se encarregam dos vilarejos (em média, cada vilarejo de nossa pesquisa se localiza a no máximo dois quilômetros de um centro); neles, uma enfermeira assegura os cuidados preventivos e os tratamentos mais simples, orientando os doentes mais graves para os centros de saúde primários (a proporção é de um centro para cada 50 mil habitantes). O paciente é tratado ali e, se necessário, enviado a um hospital com maiores recursos.

À primeira vista, esse sistema também funciona na prática: os centros públicos existem em número suficiente e os postos são bem providos. Na realidade, porém, o estado geral é lamentável (eles não dispõem de eletricidade, água ou equipamento, e poucos são os remédios). Para agravar a situação, o índice de absenteísmo das enfermeiras é superior ao dos professores nas escolas. Ao longo de um ano, uma vez por semana algum pesquisador visitou os centros de saúde, devendo, caso o centro estivesse fechado, localizar a enfermeira nos vilarejos da região. Em mais da metade das vezes (54%) ela não era encontrada. Esse índice elevado de falta ao trabalho não se restringe a Udaipur: pesquisas do Banco Mundial apontam, nos centros de saúde primários, um índice de 35% em Bangladesh e de 40% em toda a Índia.[5] Em termos de tratamento, os pacientes nesses centros recebem antibióticos desnecessários com menos frequência do que nos consultórios particulares, mas os exames médicos são ainda mais raros.

O absenteísmo parece estar parcialmente ligado à multiplicidade de tarefas das enfermeiras, o que torna impossível que elas deem conta de todas as obrigações. Essa diversidade de tarefas prejudica também a credibilidade profissional diante dos pacientes. Por exemplo, espera-se que essas profissionais convençam as mulheres a praticar a esterilização, e elas sofrem sanções se não atingirem uma "cota" anual. Tendo em vista o histórico da esterilização na Índia (sobretudo as práticas forçadas durante o governo de Indira Gandhi), as pacientes assediadas passam a desconfiar de tudo o mais que as enfermeiras propõem: a vacina contra pólio foi inclusive acusada de ser um meio de esterilização dos bebês.[6] Essa perda de credibilidade afeta as demais tarefas. Além disso, a sobrecarga de trabalho engendra um segundo problema: uma tarefa a cumprir serve de pretexto às enfermeiras para não cumprir outra, o que, por fim, vira uma razão para não ir trabalhar.

A precariedade de assistência na saúde pública e a preferência por charlatães se reforçam mutuamente. Nos vilarejos onde as enfermeiras costumam faltar mais ao trabalho, os moradores procuram menos os centros de saúde. Essa correlação tem duas explicações possíveis: desestimulados com o absenteísmo, os pacientes se voltam ao setor privado ou buscam os *bhopas*; e as enfermeiras, por sua vez, diante da falta de pacientes nas regiões em que a demanda é fraca, se sentem desmoralizadas. Para uma jovem que passou por toda uma formação, gozando de certa posição social, desperdiçar um dia inteiro num centro de saúde deserto, sem água nem eletricidade, pode ser bastante desanimador. Essas duas razões (que não excluem uma à outra) pedem respostas diferentes, seja por meio de uma ação sobre a oferta, seja com uma ação sobre a demanda.

Melhorar a oferta

A abordagem hierárquica

Para romper o círculo vicioso da demanda e da oferta de cuidados médicos, pode-se primeiro tentar agir sobre a oferta. É essa atualmente a abordagem privilegiada pelas autoridades indianas. Em nível nacional, a resposta política aos problemas do setor da saúde tem sido investir muito mais dinheiro no sistema existente: a Missão Nacional para a Saúde Rural prevê, nesse sentido, elevar o orçamento federal da saúde de 0,9% do PIB para 2% ou 3%. Todavia, nenhuma reforma mais profunda está sendo cogitada, a não ser pela criação de um cargo a mais: um promotor de saúde, que deveria servir de intermediário entre as enfermeiras e a população. Sem mais mudanças, corre-se o risco de não haver nenhuma melhora no setor público.

Em Udaipur, a partir dos resultados da pesquisa da Seva Mandir, o administrador da região decidiu que as enfermeiras deveriam estar presentes em seus respectivos centros pelo menos um dia da semana — objetivo, afinal de contas, bastante razoável! A cada segunda-feira, elas tinham que se liberar de qualquer outra obrigação e estar disponíveis para dar expediente no local de trabalho. Com essa finalidade, o administrador decidiu pedir a colaboração da Seva Mandir. A ONG devia elaborar um sistema de controle que permitisse verificar se as enfermeiras estavam se apresentando ao trabalho toda segunda-feira. Um certo número de centros de saúde da região foi escolhido ao acaso e a Seva Mandir distribuiu entre eles cartões e relógios de ponto, por meio dos quais as enfermeiras deviam comprovar sua presença às segundas. Todo mês a associação coletava os registros, que eram transmitidos à administração, para que esta tomasse as devidas providências. O administrador anunciou publicamente que sanções estavam previstas para as enfermeiras faltosas.

Para testar a eficácia do sistema de controle, nosso grupo de pesquisa, em colaboração com a Vidhya Bhavan, uma escola de Udaipur, organizou visitas-surpresa mensais (às segundas-feiras e em outros dias), tanto nos centros que estavam sendo testados quanto nos outros. Nos seis primeiros meses, o processo se mostrou eficaz: as enfermeiras dos centros controlados compareceram bem mais às segundas-feiras (mas não nos outros dias) que as dos outros centros. Alguns meses depois, contudo, a situação começou a se deteriorar nos centros controlados enquanto melhorava no outro grupo, de modo que, no ano seguinte, as enfermeiras se mostravam mais presentes nos centros em que não havia relógio de ponto.[7]

O que teria acontecido? A resposta está no registro das enfermeiras, cuja evolução é ilustrada pela figura 3. Com o passar do tempo, duas justificativas para as faltas surgem e ganham importância: "defeito do relógio de ponto" e "dispensada". Só elas já seriam suficientes para justificar a diminuição dos dias de presença. Os relógios de ponto foram evidentemente maltratados (muitas vezes foram até arremessados contra a parede). A violência contra o equipamento é sem dúvida uma resposta previsível por parte das funcionárias. Os dias em que eram "dispensadas", por outro lado, são mais interessantes: nesse caso, a enfermeira acrescenta ter estado em reunião (apesar de, em princípio, as reuniões terem sido abolidas às segundas-feiras). Além disso, essa justificativa precisaria ser aprovada pelo superior hierárquico. No entanto, verificamos não ter havido, naquele período, nenhum aumento no número de reuniões às segundas. Percebe-se que, pouco a pouco, os superiores haviam passado a aceitar as desculpas inventadas; um acordo tácito (ou talvez até explícito) se estabelecera entre as enfermeiras e a hierarquia. Depois de compreenderem que faltar na segunda-feira não gerava penalização, elas se davam folgas ainda mais frequentes que as enfermeiras do grupo de controle, sobre as quais pesava ainda a incerteza quanto a um possível controle.

Tais resultados oferecem um contraste interessante com os aferidos por uma intervenção aparentemente similar, feita na mesma região, também pela Seva Mandir: o programa de estímulo à presença dos professores mediante a distribuição de máquinas fotográficas. Vimos, no capítulo anterior, que esse programa resultou numa imediata e duradoura diminuição do absenteísmo.[8] O contraste deixa clara a dificuldade de generalizar as conclusões obtidas a partir de um determinado experimento. A grande diferença entre os dois programas está na sua aplicação: no caso do programa de motivação dos professores, a Seva Mandir tinha responsabilidade total. Já com relação às enfermeiras, os seus superiores imediatos é que ficaram encarregados de acompanhar o sistema centralizado e automatizado que a ONG organizara. No entanto, o funcionalismo público da região nunca aceitou o processo imposto pelo administrador.

FIGURA 3: **Evolução das justificativas das enfermeiras nos registros**

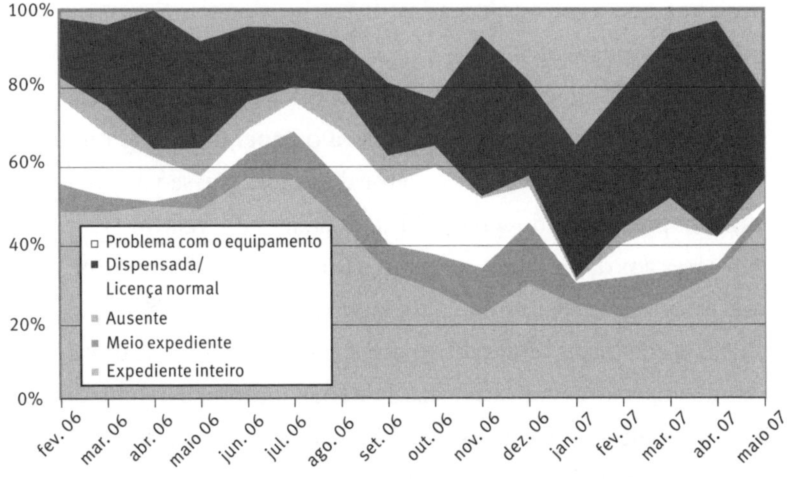

- Problema com o equipamento
- Dispensada/ Licença normal
- Ausente
- Meio expediente
- Expediente inteiro

FONTE: Abhijit Banerjee, Esther Duflo e Rachel Glennerster, "Putting a Band-Aid on a Corpse: Incentives for Nurses in the Indian Public Health Care System", *Journal of the European Economic Association*, v. 6, n. 2/3, pp. 487-500, abr./maio 2008.

Fazer surgir a demanda dos usuários

Como a administração pôde não respeitar as regras que ela própria havia estabelecido sem se expor à sanção popular? Provavelmente por causa da falta de demanda com relação aos serviços de saúde. Essa hipótese é comprovada pelo fato de, mesmo no período em que as enfermeiras se mostraram mais assíduas, a procura por atendimento ter se mantido extremamente fraca. Por ocasião das visitas-surpresa nos centros, menos de um paciente, em média, se encontrava no local, e isso mesmo nos seis primeiros meses, quando a presença das enfermeiras era mais visível. Um sistema imposto a partir de cima, sem que tenha havido uma demanda dos usuários para criar tal exigência, tinha mesmo poucas chances de funcionar, uma vez que à burocracia administrativa pouco interessava qualquer mudança.

Essa conclusão é reforçada pelos resultados de uma iniciativa original em Uganda, que mostra o papel que pode ter a pressão dos usuários sobre o setor da saúde. Nesse país africano, os problemas do setor público da saúde se revelavam bem similares aos de Udaipur, a exemplo do índice de absenteísmo, que estava em 47%. Em 2004, tentando remediar essa situação, várias ONGs locais (que costumam ser associações comunitárias de vilarejo) decidiram trabalhar em conjunto, partindo de um grupo de comunidades escolhidas ao acaso. A intervenção, descrita num artigo intitulado com humor "Todo o poder para o povo",[9] apostava totalmente na mobilização dos usuários. O programa começou realizando uma pesquisa junto às famílias, o que permitiu esboçar uma visão geral da qualidade dos cuidados médicos. As ONGs, em seguida, organizaram discussões sobre os resultados obtidos. Foram três reuniões em cada vilarejo: a primeira com os usuários, a segunda com a equipe da saúde (para confrontar seu ponto de vista com os resultados da pesquisa) e a terceira com os dois grupos reunidos. O objetivo era chegar à elaboração de um plano de ação, preparado em conjunto pela equipe da saúde e pelos usuários, a fim de melhorar a qualidade do serviço. Funcionários e usuários se comprometeram e o programa teve bons resultados. A coletividade se envolveu mais na supervisão dos profissionais da saúde, cujo índice de absenteísmo diminuiu com relação ao do grupo de controle (34% e 47%, respectivamente). Diferentemente do que aconteceu na Índia, a busca pelos centros médicos aumentou (passando de 661 a 791 visitas mensais, em média), mesmo que o recurso à automedicação e às ajudas tradicionais tenha persistido. O programa teve também consequências importantes sobre a saúde da população: o índice de mortalidade infantil, por exemplo (entre crianças com menos de cinco anos), baixou de 144‰ para 94‰.

O contraste entre os dois experimentos — uma reforma imposta de cima e uma iniciativa articulada na base — nos leva a crer que a hierarquia não consegue uma reforma duradoura sem que haja a mobilização e a participação dos usuários na busca pela melhoria do serviço. Uma mobilização da base, sem intervenção da hierarquia, parece ter efeitos bem mais reais. É possível que o fato de mobilizar a demanda permita a implantação consistente de um círculo virtuoso entre procura e oferta. A demanda por um serviço público de qualidade se mostra, desse modo, um pré-requisito indispensável para qualquer reforma. Compreender as determinantes dessa demanda é, então, essencial.

Por que a demanda por um serviço de qualidade é fraca?

Voltemos a Udaipur. Por que, mesmo depois do início do programa garantindo a assiduidade das enfermeiras, a procura pelos centros públicos de saúde não aumentou? Há duas razões possíveis. A primeira é que os usuários não se deixam enganar tão facilmente e não modificam seu comportamento até se convencerem de que a mudança é confiável; se um deus ex machina conseguisse apresentar um sistema robusto que garantisse a presença regular dos funcionários, provavelmente assistiríamos a um aumento da procura. O segundo é que o tipo de tratamento proposto pelos estabelecimentos públicos costuma ter pouca demanda. Como vimos, os médicos particulares receitam antibióticos para todas as infecções, sem praticar qualquer tratamento preventivo. Já os centros de saúde dão atenção sobretudo à prevenção, e as enfermeiras não estão habilitadas a prescrever antibióticos. É possível que esse tipo de oferta não interesse tanto à população dos vilarejos, não sensibilizada quanto à importância dos tratamentos preventivos e aos perigos do consumo excessivo de remédios.

Para examinar essa hipótese, analisamos os resultados de uma melhoria real na oferta de tratamentos preventivos. A Seva Mandir representou o papel do deus ex machina, propondo uma melhoria convincente e duradoura dos tratamentos de prevenção.[10] A simpatia e boa reputação que a ONG tem junto às famílias lhe permitiram pôr em andamento programas vistos como confiáveis e consistentes. A intervenção em questão destinava-se a melhorar o índice de vacinação. A associação escolheu sessenta vilarejos ao acaso, entre 134, para organizar, em cooperação com o governo, campanhas mensais de vacinação. Pela manhã, um enfermeiro de moto buscava as vacinas no centro público de saúde e então se dirigia aos vilarejos para realizar uma sessão de vacinação com data e hora prefixadas. As sessões eram divulgadas pelo promotor de saúde, formado pela Seva Mandir. Essas campanhas se sucederam com regularidade e 95% das sessões previstas ocorreram de fato. Em trinta vilarejos, a única mudança registrada foi quanto à organização regular das sessões, e o índice de vacinação completa em crianças de um a três anos alcançou a marca de 17%, contra 6% nos vilarejos que não receberam o programa. Contudo, o avanço é mais significativo com relação à primeira dose (de 50% a 77%) do que com as seguintes: a proporção de crianças vacinadas diminui para 70% na segunda aplicação e para 42% na terceira. É mais fácil fazer os pais se deslocarem uma vez do que várias.

Esse exemplo mostra que a demanda por tratamentos preventivos é fraca, mesmo que o custo seja pequeno (as sessões acontecem no próprio vilarejo e são gratuitas) e o serviço confiável. A vacinação não é o único exemplo em que o custo não constitui obstáculo para comportamentos de prevenção. Por exemplo, a Organização Mundial da Saúde recomenda que o recém-nascido seja amamentado pela mãe logo depois de nascer e se alimente exclusivamente do leite materno em seus seis primeiros meses de vida. Na Índia, apenas um quarto das mulheres dá de mamar ao bebê na hora seguinte ao nascimento e a duração média da amamentação exclusiva é de apenas dois meses.

Como explicar a fraca adesão aos tratamentos preventivos, apesar de seus efeitos benéficos? Talvez os pais sejam desconfiados ou preocupados demais: temem os efeitos colaterais ou acham que o objetivo da vacinação não é o que dizem. Seja como for, outros experimentos nos levam a crer que isso não explica tudo. De fato, nos diversos contextos e para produtos diferentes, constata-se uma forte sensibilidade ao preço dos serviços da saúde preventiva, tanto nos casos positivos quanto nos negativos. Assim, a transformação de um serviço gratuito em serviço pago, mesmo que a um valor extremamente baixo, diminui muito o número de usuários. A figura 4 ilustra essa constatação de maneira clara para três artigos diferentes: os mosquiteiros, o tratamento vermicida e os produtos clorados.[11] A cada vez, o percentual de famílias que utilizam o produto cai assim que ele se torna pago: o uso dos mosquiteiros, por exemplo, cai de 62% para 42% quando o preço passa de zero a dez centavos, e a menos de 20% quando vai a cinquenta centavos. Chama a atenção que, fixado o preço de venda, a taxa de utilização desses diferentes produtos é semelhante, ainda que seus usos e valores de troca sejam bem diferentes.

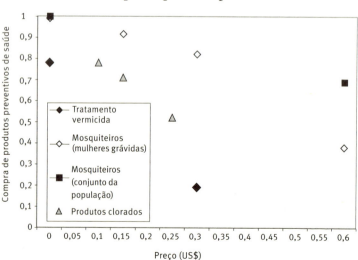

FIGURA 4: **Compra de produtos preventivos de saúde**

De maneira simétrica, quando um serviço gratuito se torna remunerador (ou seja, quando as famílias são recompensadas ao participar), a demanda aumenta muito. As vacinas e os testes de HIV são dois bons exemplos. Como vimos, a Seva Mandir organizou campanhas regulares de vacinação em sessenta vilarejos. Em trinta deles, a associação dava um quilo de lentilha para cada mãe que levasse o filho para ser vacinado, e na última dose da vacina ela recebia um jogo de pratos. Na Índia, a lentilha faz parte da alimentação básica, mas um quilo de lentilha, mesmo sendo útil, representa apenas meio dia de trabalho de um operário não qualificado. O incentivo não deveria, então, ser o suficiente para mudar a opinião de quem fosse contra a vacinação. A distribuição de lentilha, no entanto, teve um impacto enorme. O índice de vacinação completa era de 17% nos vilarejos onde as sessões regulares foram organizadas; naqueles em que se distribuiu o quilo de lentilha, alcançou 38%. Esse efeito não aparece por ocasião da primeira dose, mas sim das seguintes. Como se vê, o programa não faz com que pais muito reticentes compareçam, mas incentiva os demais a irem até o final do ciclo. A distribuição de lentilha teve outro efeito interessante, sobre o qual voltaremos na conclusão: ela estimulou moradores de vilarejos vizinhos a levarem os filhos à vacinação. Num raio de dez quilômetros, esses índices alcançaram 20%. Um pequeno incentivo pode então mudar comportamentos, mesmo que os interessados precisem caminhar — ou seja, investir um tempo maior — para usufruir dele.

Outro exemplo, talvez ainda mais surpreendente, envolve os exames de detecção da aids. Em muitos países, o aconselhamento e o teste voluntário são considerados a pedra angular das estratégias de prevenção da doença. Em Moçambique, 55%

de todos os orçamentos relativos à aids (prevenção e tratamento) são dedicados à detecção. Apesar disso, a proporção de indivíduos testados é mínima. A explicação mais comum é que fortes barreiras psicológicas e sociais acabam dissuadindo as pessoas de fazer o teste. Nos países pobres, um resultado positivo representa, em geral, uma condenação à morte a curto ou médio prazo. Além disso, socialmente, o simples fato de fazer o exame é visto como indicativo de um comportamento inconfessável.

Para verificar essa hipótese, Rebecca Thornton, quando ainda era estudante, elaborou um experimento engenhoso em colaboração com a equipe que realizava uma pesquisa demográfica e econômica no Malaui.[12] Nessa operação, oferecia-se aos entrevistados a possibilidade de fazer um teste de aids, e eles podiam, semanas depois, ir ou não buscar seus resultados. Se a pessoa preferisse ignorá-los, bastava não ir atrás deles. Esse método de coleta praticado em pesquisas demográficas fornece informações sobre a condição sorológica de uma população, incluindo os que preferem não ter conhecimento disso. Muitos, frequentemente, aceitam fazer o teste, desde que não sejam obrigados a saber o resultado.

Thornton introduziu, de maneira aleatória, duas fontes de variação. A primeira era que, no final da pesquisa, cada pessoa entrevistada recebia ao acaso uma espécie de tampinha de garrafa com um número correspondendo a uma compensação financeira (de zero a três dólares), que seria paga no momento em que ela fosse buscar os resultados. Além disso, ela também variou a localização da tenda onde a enfermeira entregava os resultados: em alguns vilarejos, a tenda era armada perto das moradias e, em outros, bem mais longe. Com a tenda distante, pegar o resultado exige um esforço maior, mas a visita acontece de maneira mais discreta, o que permite evitar o estigma social.

Os resultados são surpreendentes: primeiro, a proporção dos que foram buscar seus exames aumenta expressivamente quando se propõe uma retribuição, mesmo que mínima. Ela passa de 34% a 64% quando o estímulo financeiro varia de zero a dez ou vinte centavos. A proporção continua a aumentar conforme se amplia o tamanho do estímulo, mas de forma menos acentuada. Em seguida, a proporção de indivíduos que vai buscar seus resultados diminui com a distância, sobretudo entre os que não receberam incentivo financeiro. Isso indica então que o receio quanto ao que os vizinhos podem dizer é menor que o incômodo de um deslocamento maior.

Todos esses exemplos revelam uma forte sensibilidade aos custos. Num modelo de economia neoclássica do gênero Gary Becker,[13] em que o agente racional avalia os custos e benefícios de cada ação, as vantagens da vacinação infantil (ou de uma eventual constatação soropositiva) devem ser suficientemente altas para que os indivíduos decidam agir. A vacina aumenta bastante a expectativa de vida dos filhos. Da mesma forma, a detecção do vírus da aids pode dar acesso aos antirretrovirais para os soropositivos e tranquilizar os soronegativos. O alto retorno desses atos, tão pouco custosos, deveria torná-los objeto de forte demanda, a menos que os custos psicológicos e sociais (medo, discriminação social etc.) sejam mais fortes que os benefícios esperados. Nesse caso, porém, incentivos mínimos não deveriam ter qualquer efeito: um quilo de lentilha não deveria convencer a mãe que não quer vacinar o filho por medo de esterilizá-lo. Dentro do modelo neoclássico, portanto, não se explica a coexistência de uma fraca demanda e uma forte sensibilidade aos preços.

Por que os comportamentos preventivos são tão sensíveis ao preço?

Para esclarecer esse enigma, dois tipos de explicação foram propostos. O primeiro é fundamentado na constatação de que nossas preferências não são estáveis ao longo do tempo. O segundo vincula-se à percepção da vantagem dessas intervenções: é claro, elas são mesmo boas, mas não é o que as famílias necessariamente acham.

A primeira interpretação se apoia na noção de inconsistência temporal. Tomemos o exemplo da vacina. Ela necessita de um investimento imediato: o tempo de ir ao centro de saúde com a criança, onde será preciso lidar com o seu desconforto e choro — talvez também com uma febre passageira. E os benefícios desse investimento só virão mais tarde. É no futuro e, além disso, numa data indeterminada que a criança deixará de ter rubéola. Sabemos, desde Hume e, mais recentemente, graças ao trabalho de psicólogos, que o ser humano pensa o presente e o futuro de maneiras bem diferentes. Tendemos a tomar de maneira impulsiva as decisões que dizem respeito ao presente e aplicamos ao futuro abordagens mais racionais. Exames de imagem inclusive mostraram que diferentes áreas do cérebro humano são ativadas em função das decisões que tomamos: nas imediatas (pagar algo hoje e não daqui a duas semanas), são as áreas "emotivas" do cérebro que se acendem no exame; já as áreas "calculistas" se destacam quando são tomadas decisões futuras (pagar daqui a quatro semanas e não daqui a seis).[14]

Um custo ou incômodo que se deva enfrentar hoje pode parecer pesado, enquanto o mesmo sacrifício, amanhã, parece leve quando comparado aos benefícios esperados. Quando pensamos em levar nosso filho para ser vacinado, ou diante de qualquer outra decisão que pode ser adiada (seja abrir uma poupança, parar de fumar, comer menos ou praticar uma atividade física regular), temos a ilusão de isso ser um esforço muito grande hoje, mas que estaremos mais livres para lidar com isso daqui a um mês. No entanto, quando o próximo mês chega, o futuro se torna o presente e o esforço exigido parece novamente enorme. Assim, as decisões vão sendo adiadas uma e outra vez, até que seja tarde demais.

Essa procrastinação pode explicar por que a vacinação é sempre deixada para depois, enquanto os pais se dispõem a gastar altas somas num tratamento de emergência quando os filhos ficam doentes — o que demonstra não ser por falta de amor que eles adiam a vacina. Estando a criança doente, o proveito do tratamento é quase palpável, e essa coincidência entre o investimento e seu retorno torna a ação mais fácil. Em contrapartida, uma pequena vantagem conseguida hoje (um quilo de lentilha, por exemplo) pode compensar o baixo esforço investido em um ato (ir ao centro médico), o que explica o efeito elevado dessa intervenção. Na maioria dos países desenvolvidos, as vacinações devem ser feitas em prazos determinados. Esses prazos obrigatórios têm o mesmo papel: o ganho imediato é escapar de uma sanção.

Quando se trata de saúde pública, a presença de externalidades (ou de efeitos sobre outras pessoas) é tradicionalmente evocada para justificar a obrigatoriedade ou os incentivos financeiros: vacinar um filho contra a rubéola protege também as demais crianças; omitir-se desse cuidado as coloca em perigo. O benefício social da vacina é com isso superior ao benefício pessoal. Daí ser necessário incentivar ou obrigar os indivíduos a um ato do qual não tiram um grande proveito, mas do qual a comunidade, em seu conjunto, se beneficia. A inconsistência temporal leva, ainda por cima, a uma internalidade (ou dano que o indivíduo causa a si mesmo): não vacinando o filho imediatamente, o eu de hoje impõe um custo ao eu de amanhã. Isso nos oferece uma segunda justificativa para incentivar ou obrigar esse tipo de medida. Corrigindo essa internalidade, pode-se levar o indivíduo a uma atitude melhor para ele próprio, na medida em que o leva a fazer hoje o que preferiria fazer só no mês que vem.[15]

A inconsistência temporal explica o importante impacto dos incentivos, mesmo que pouco expressivos, mas existem outros meios para provocar mudanças de comportamento. Pequenos "empurrões" podem ter efeitos significativos: é possível ajudar as pessoas a fazer boas escolhas, mesmo deixando-as livres para não mantê-las.[16] Assim, apenas partir do princípio de que a pessoa, se não declarar o contrário, deseja se beneficiar do tratamento preventivo pode ter um efeito importante. O tratamento contra vermes intestinais, cujas vantagens para a saúde e para a educação das crianças vimos no capítulo anterior, ilustra o papel dessa opção padrão. No primeiro ano, todas as crianças eram tratadas, exceto se os pais se opusessem, preenchendo um formulário: com isso 78% das crianças receberam tratamento. No segundo ano, considerações éticas levaram os pesquisadores a mudar o protocolo: as crianças presentes só recebiam o tratamento se os pais tivessem assinado um formulário autorizando-o explicitamente. O número de crianças tratadas caiu de 78% para 59%.[17]

Outro tipo de mecanismo, diretamente derivado da inconsistência temporal, consiste em organizar sistemas que incentivem os indivíduos a se engajarem para o futuro de uma certa maneira. Assim como Ulisses se amarrou no mastro para não ceder à tentação das sereias, o indivíduo ata suas mãos para obrigar seu eu futuro a um bom comportamento. Um programa para ajudar fumantes a largar o vício nos dá uma ideia desse tipo de dispositivo. É um exemplo particularmente interessante, já que o tabagismo é também uma epidemia de saúde pública nos países em desenvolvimento. Indivíduos conscientes da própria inconsistência temporal podem querer obrigar seu eu futuro a parar de fumar. Para dar a eles essa possibilidade, um instituto de microcrédito filipino propôs o contrato Cares a um grupo de fumantes. O Cares é um produto financeiro que, à primeira vista, não parece atraente: trata-se de uma poupança sem juros e com depósito inicial de cinquenta pesos (um pouco menos de um euro). O fumante é incitado a fazer depósitos regulares no valor equivalente ao que gastaria com cigarros. Seis meses depois, ele é submetido a um exame-surpresa de urina que denuncia traços de nicotina, mesmo de vários dias atrás. Se o exame der positivo, o fumante perde toda a poupança.

Para avaliar sua eficácia, o Cares foi proposto a 781 pessoas escolhidas ao acaso entre 2 mil fumantes. Oitenta e três delas (11%) aceitaram participar: não se trata de um produto financeiro dos mais populares, mas esse índice de adesão é similar ao de outros programas antitabagistas e deve corresponder ao número de fumantes que realmente deseja largar o cigarro. Seis meses depois, fez-se o exame de urina em cada um dos 2 mil fumantes que aceitaram participar.[18] No grupo de tratamento (todos a quem o programa foi proposto, independentemente de aceitarem ou não se inscrever), 11% dos fumantes tinham parado de fumar. No grupo de controle, apenas 8% tinham conseguido. Propor o Cares teve então um impacto de três pontos percentuais. Na hipótese de que o simples fato de se propor um programa não tem efeito sobre quem não quer aderir, essa diferença de três pontos se deve aos 87 fumantes que aceitaram: o programa aumenta então em 30% (3% dividido por 11%) a probabilidade de sucesso para um fumante que quer largar o vício.[19]

Esse experimento prova que a inconsistência temporal tem de fato o seu papel. Mas provamos também que um determinado número de pessoas tem consciência do problema e toma medidas para resolvê-lo. Pela lógica, é verdade, os pais não deveriam adiar infinitamente a vacinação e sim perceber que os investimentos que parecem pesados hoje (mas leves se ocorrerem no futuro) continuarão pesados no mês que vem, quando eles protelarão outra vez a decisão. Tal raciocínio deveria levá-los a aceitar a vacinação hoje, hic et nunc. Isso nos leva a acreditar que a inconsistência temporal não é a única responsável pela fraca utilização dos serviços preventivos.

Resta então a segunda explicação: a percepção do interesse dos tratamentos preventivos. A fraca demanda e a forte sensibilidade ao preço dos tratamentos de prevenção, assim como a forte demanda e a pouca sensibilidade ao preço dos tratamentos curativos, talvez se devam ao fato de subestimarmos as vantagens da medicina preventiva e superestimarmos as da medicina curativa. Isso pode se explicar pela complexidade dos laços de causa e efeito que ligam tratamento e estado de saúde.

Os tratamentos curativos, quaisquer que sejam, tendem sempre a parecer eficazes, pois a maior parte das doenças se cura por si própria (como diz o ditado, "um resfriado passa em sete dias se for tratado e apenas em uma semana se não for"). Suponhamos que um médico particular aplique uma injeção de antibióticos contra uma doença viral: se a doença desaparece, a conclusão natural (e errada) é que os antibióticos acabaram com a doença. Quando a enfermeira de um centro de saúde deixa de dar um medicamento para essa mesma gripe (como é normal), a cura não será atribuída a ela. Existe de fato uma tendência natural ao consumo excessivo de remédios, sobretudo num sistema não regulamentado, em que o médico procura dar ao paciente a impressão de ter agido. Pelos mesmos motivos, essa tendência marca também os países ricos — o que explica em parte a explosão dos orçamentos da saúde —, mas é limitada pela formação dos médicos e o enquadramento da profissão na lei e nos órgãos de Seguridade Social.

A aprendizagem dos efeitos do tratamento preventivo é bem mais complexa. É muito difícil para um indivíduo estabelecer um laço de causalidade entre um tratamento e a ausência de doença. As externalidades tornam o problema ainda mais complicado, pois se muitas crianças forem vacinadas mesmo as que não foram estarão menos expostas à doença: é possível que diferença alguma seja perceptível entre uma criança vacinada e outra que não foi. Por isso, a informação sobre a medicina preventiva não tem como ser difundida pela aprendizagem espontânea. Nesse sentido, um discurso público confiável é indispensável. Mas como conseguir uma comunicação eficaz?

Informar sobre a medicina preventiva: estratégias, sucessos e fracassos

Hoje em dia, ter um comportamento menos arriscado é o único método de prevenção eficaz contra a aids. Os jovens são vistos muitas vezes como uma fonte de esperança, pois os que são sexualmente inativos em geral não foram infectados e têm comportamentos sexuais ainda maleáveis. Em muitos países que conseguiram interromper o avanço da aids, como Uganda, os jovens foram o principal alvo das campanhas de prevenção, sobretudo nas escolas. O Quênia está entre os países que deram início à prevenção da aids nos programas escolares. Como em todo lugar, essa iniciativa resulta de um consenso delicado entre as diferentes Igrejas, as organizações internacionais (entre as quais o Unicef, que teve forte atuação na elaboração do programa queniano) e o governo. A mensagem é conhecida na África Oriental e se resume, nessa ordem de prioridade, como ABCD: *Abstain, Be faithful, use a Condom... or you Die.*[20] Nas escolas do ensino fundamental (que vão mais ou menos até a idade de doze-treze anos, quando a maioria dos adolescentes já começa a ser sexualmente ativa), o esforço se concentra na abstinência. As demonstrações sobre como usar os preservativos são proibidas.

Em todo programa de prevenção há uma escolha a se fazer entre evitar ou controlar o risco. A abstinência é a única prática preventiva cem por cento eficaz. Se fosse possível convencer os adolescentes a se adequarem a isso, eles estariam fora de perigo. Favorecer o controle do risco é incentivá-los a adotar um comportamento menos arriscado, mas não necessariamente garantido; a recomendação dos preservativos entra nessa categoria. A escolha consiste, então, em indicar ou um comportamento mais seguro, porém mais difícil (ou até impossível) de se pôr em prática, ou um comportamento menos seguro, mas ao alcance do público-alvo.

Um estudo realizado conjuntamente por uma ONG (a ICS África), pelo governo queniano e por uma equipe de pesquisadores comparou os efeitos de estratégias visando evitar ou controlar o risco.[21] Em tese, o programa de prevenção foi levado a todas as escolas; na prática, porém, os professores só o aplicam depois de serem formados no assunto. O governo dispõe de um grupo de formadores especializados que gradualmente iniciam os professores nas escolas. Esse programa de formação avança devagar, dada a falta de pessoal e de material. Em vista das circunstâncias, foi possível escolher ao acaso um grupo de escolas nas quais três professores receberiam prontamente a formação, que só chegaria mais tarde aos demais estabelecimentos. O governo enviou instrutores e a ICS se encarregou da organização de um seminário de uma semana. Foram escolhidas 163 escolas que se beneficiariam imediatamente da formação, dentro de um grupo de 328 escolas de duas áreas administrativas do Quênia Ocidental.

Independentemente disso, em 35 escolas do grupo com professores em formação e em 36 das outras, a ICS estabeleceu um programa de redução de risco, o Sugar Daddy ("papai docinho").[22] No Quênia, como em outros países da África, é comum adolescentes terem relações sexuais com adultos mais velhos, muitas vezes casados. São relações mais ou menos transacionais: as jovens não são exatamente sustentadas, mas recebem pequenos presentes, uma ajuda para os estudos etc. Essas relações entre gerações são um fator importante de propagação da epidemia: os homens mais velhos costumam ser mais infectados que os jovens. Eles transmitem o vírus às meninas, que depois podem contaminar parceiros da sua idade. O índice de infecção entre as jovens de quinze a dezenove anos é cinco vezes maior que entre os rapazes da mesma faixa etária.

Mas elas não conhecem esses números: convencidas pelo programa ABCD de que o vírus está em todo lugar, as jovens exageram os riscos que também os rapazes representam. Costumam, inclusive, achar que os *sugar daddies* são mais confiáveis e apresentam menos riscos. Além disso, se uma criança vier a nascer, tem mais chance de ser sustentada por um pai mais velho do que por um adolescente. Do ponto de vista do risco de gravidez, que é imediato para essas meninas, os *sugar daddies* são considerados mais sérios, o que gera dois efeitos: incentivar esse tipo de relação e reduzir o uso de preservativos com os parceiros mais velhos. A intervenção Sugar Daddy, destinada a meninas e meninos do nono ano (de quinze anos, em média), era bem simples e começava com a projeção de um desenho animado produzido pelo Unicef sobre os *sugar daddies*. Em seguida um monitor da ICS explicava aos alunos os índices de contaminação masculino e feminino, por idade. Reforçava-se sobretudo o fato de homens mais velhos representarem uma probabilidade muito maior de infecção.

Para avaliar o efeito dessas duas abordagens — programa de prevenção e programa de redução de risco — é importante compreender bem os comportamentos sexuais. Ao enfatizar um comportamento considerado positivo, a intervenção pode levar as pessoas entrevistadas a adaptar suas respostas para agradar ou impressionar o pesquisador, sem que mudem, no entanto, seu comportamento real. É indispensável, então, que se disponha de uma medida objetiva do comportamento sexual de risco. Como felizmente os índices de contaminação ainda são baixos entre adolescentes, essa medida não pode ser a soropositividade. Para as adolescentes, que não dispõem de acesso fácil a outra forma de contracepção além do preservativo, a gravidez continua sendo um bom exemplo de comportamento sexual de risco. Uma diminuição do índice de gravidez precoce se torna então um sinal de redução das relações sexuais não protegidas.

Os resultados sugerem que a formação dos professores no programa ABCD de fato aumenta o tempo dedicado à luta contra a aids na escola; mas isso não se traduz em mudanças, seja em relação aos conhecimentos sobre o HIV nem aos comportamentos autodeclarados. Além disso, em um, três e cinco anos após a intervenção, os índices de gravidez entre meninas que estavam no sétimo, oitavo e nono anos[23] são os mesmos nas escolas em que os professores receberam formação e nas em que isso não aconteceu (respectivamente 5%, 14% e 31%). Outras avaliações de intervenções similares (no México e na Tanzânia, sobretudo) chegam às mesmas conclusões: tudo indica que uma mensagem geral centrada em se evitar o risco não é eficaz.

Em contrapartida, a intervenção Sugar Daddy se mostra bastante eficiente: as adolescentes que tiveram acesso ao programa se declaram menos dispostas a ter relações sexuais com homens mais velhos, preferindo rapazes da sua idade (e elas usam mais o preservativo com os mais jovens). Ao fim de um ano, o índice de gravidez nas séries contempladas pelo programa era de 3,9%, contra 5,4% nas escolas comparativas. Essa queda se deve sobretudo à redução das relações sexuais com parceiros mais velhos, cuja frequência diminuiu em dois terços (de 2,4% para 0,79%). Dessa forma, parece que uma mensagem geral afirmando que todo mundo é perigoso não funciona tão bem com as adolescentes quanto uma mensagem mais dirigida e pragmática ("Cuidado com os *sugar daddies*"). Esta última reduz a incidência do comportamento sexual mais perigoso do ponto de vista da transmissão do vírus: as relações sexuais não protegidas entre parceiros de idades diferentes. Resumindo, a difusão direcionada de informações antes desconhecidas ou mal compreendidas se mostra eficaz, ao contrário dos alarmes mais gerais.

O exemplo da prevenção da aids ilustra um segundo ponto: a educação é em si uma política de saúde pública, mesmo quando é geral e não diz respeito à saúde especificamente. Permanecer mais tempo na escola pode levar as meninas a evitarem comportamentos sexuais não seguros, e assim se protegerem da doença. Isso se explica por dois motivos: de um lado, a escola transmite aos alunos ferramentas que lhes permitem, entre outras coisas, assimilar melhor a informação e compreender os mecanismos de saúde; por outro lado, para as jovens que vão à escola, ter um filho gera consequências graves, pois implica sua imediata exclusão do sistema de ensino. Se, pelo contrário, elas deixam a escola por outros motivos, ter um filho e estabelecer sua própria casa permite que escapem da família, onde muitas vezes são tratadas como empregadas domésticas.

Para testar a hipótese segundo a qual alunos que dão prosseguimento aos estudos têm menos relações sexuais não protegidas, a ics distribuiu uniformes aos estudantes de sétimo ano na metade das 328 escolas, prometendo um conjunto novo dezoito meses depois, desde que continuassem matriculados.

Vimos no capítulo anterior que esse programa acarretou uma diminuição da evasão escolar: para as meninas, mais especificamente, o abandono antes do término do ensino fundamental (nono ano) passou de 18% a 12%.[24] Esse programa teve também forte impacto sobre os casos de gravidez. Após três anos, a ocorrência era de 10,8% entre as jovens que haviam recebido um uniforme (contra 14,4% entre as que não haviam recebido). Essa diferença de cerca de quatro pontos se manteve cinco anos depois, apesar do aumento do número de jovens grávidas (27% contra 30,7%). O efeito sobre a gravidez é então quase tão importante quanto o efeito sobre o abandono escolar.

Indo além das campanhas de informação, é igualmente possível incentivar novos comportamentos criando a oportunidade de experimentá-los. Tentar uma nova atitude pode levar à sua incorporação, seja por força do hábito, seja por se tomar consciência das suas vantagens. Da mesma maneira, se os vizinhos e os amigos começarem a adotar novos hábitos, isso pode nos levar a mudar os nossos também, seja pelo estabelecimento de uma nova norma social (que teria o papel de uma opção padrão que, como já vimos, pode ter forte impacto sobre os comportamentos em caso de inconsistência temporal), seja por sua utilidade ficar muito clara.

Um estudo recente sobre a compra e a utilização de mosquiteiros impregnados com inseticida de longa duração nos fornece uma demonstração bem clara sobre como funcionam esses dois mecanismos. Esses mosquiteiros são a melhor prevenção contra a malária. Além disso, seus efeitos positivos se estendem às outras pessoas, pois os mosquiteiros reduzem o número de insetos portadores do parasita. Há então um consenso quanto à validade de uma política buscando subvencioná-los em áreas de malária. Mas enquanto alguns (na OMS, sobretudo) recomendam que eles sejam gratuitos, outros insistem na necessidade de um pagamento pelos usuários, nem que seja de uma quantia mínima.[25] E apresentam vários argumentos contra a gratuidade.

Para começar, ela poderia levar alguém que não precisa de mosquiteiro a pedir um para si. Acrescente-se que o fato de pagar agrega um valor ao objeto, e esse valor importa na sua utilização. Por essas duas razões, os mosquiteiros gratuitos tendem a ser menos aproveitados pelos usuários do que os pagos. Além disso, alguém que recebeu um mosquiteiro gratuito não ficará na expectativa de uma gratuidade permanente, tanto de mosquiteiros quanto de outros bens desse tipo, correndo-se o risco de uma cultura do assistencialismo? E se alguns recebem um mosquiteiro gratuito, os amigos e vizinhos não vão deixar de comprar, achando que podem também ser contemplados? Por outro lado, se os efeitos da aprendizagem são significativos e se a forte sensibilidade ao preço se deve à má percepção das vantagens de um mosquiteiro, é possível que o fato de experimentá-lo leve as famílias a quererem outro; ou seja, a gratuidade de hoje pode produzir a compra de amanhã. Da mesma maneira, ver um mosquiteiro na casa de um vizinho pode criar o desejo de também ter um. O efeito da gratuidade sobre as compras futuras é incerto, e o debate só pode ser encerrado com a experiência.

Para esclarecer essa questão, Pascaline Dupas imaginou e levou adiante, com a associação IPA Kenya (Ipak), um experimento.[26] Num primeiro momento, os membros da Ipak distribuíram aos pais de alunos de várias escolas cupons de desconto na compra de mosquiteiros impregnados com inseticida, vendidos em lojas locais. Se o preço do mosquiteiro era de cinco dólares (3,6 euros), com o desconto do cupom recebido baixava para entre zero e 250 xelins quenianos (3,8 dólares ou 2,7 euros). Noventa e oito por cento das pessoas que receberam o vale integral foram buscar o mosquiteiro. O mesmo fizeram 66% das que iriam pagar entre quarenta e cinquenta xelins quenianos e apenas 17% das que pagariam de 190 a 250. Voltamos a nos deparar com a forte sensibilidade ao preço a que já estamos habituados. Por outro lado, o preço pago não teve nenhum impacto sobre a utilização: gratuito ou pago, cerca de dois terços das famílias utilizavam seus mosquiteiros (a terça parte restante se limitando a guardá-lo para usar depois). Esse resultado, obtido também em outros contextos,[27] mostra que nem os efeitos de seleção nem os efeitos psicológicos de preço têm um impacto importante na utilização do produto. Um mosquiteiro gratuito não é menos utilizado.

Quais são os efeitos a longo prazo? Uma pessoa cujos vizinhos ou amigos ganharam um mosquiteiro gratuito se dispõe mais a comprar um: em vez de desencorajar a compra, a gratuidade concedida a alguns leva outros a investirem, com os primeiros usuários se tornando, por assim dizer, garotos-propaganda do produto. Para concluir, alguns meses depois, propôs-se a todas as famílias que participaram do primeiro grupo de distribuição a compra de um mosquiteiro pelo preço de 150 xelins quenianos. Dos que receberam gratuitamente o primeiro mosquiteiro, 21% compraram o segundo, contra 15% daqueles que ganharam um cupom de desconto (tivessem ou não comprado um). Ao contrário de desmotivar as compras futuras, como receiam os que veem na distribuição gratuita um incentivo à cultura da dependência, a gratuidade (ao oferecer às famílias a oportunidade de experimentar um produto novo) leva as pessoas a pagar para tê-los: os mosquiteiros são como qualquer mercadoria nova, da qual nos distribuem amostras grátis para que experimentemos. Esses resultados ilustram dois mecanismos de aprendizagem das vantagens de um comportamento preventivo: a prática e a força do exemplo.

Implicações para a política econômica

À luz do que acabamos de ver, podemos concluir que, no que diz respeito à saúde, o mercado, por si só, não leva naturalmente a uma situação em que a medicina preventiva seja proposta ou demandada. A tentação de privatizar os serviços de saúde para remediar o estado catastrófico do setor público é perigosa se não for acompanhada de esforços de regulamentação e de informação. Da mesma forma, não podemos contar com as comunidades para uma autorregulamentação: se a demanda por vacinação for fraca, a câmara municipal da localidade não vai querer desagradar os moradores tentando obrigá-los a vacinar os filhos.

Um esforço público para melhorar o acesso aos tratamentos preventivos é igualmente essencial. A curto prazo, a forte sensibilidade ao preço sugere a possibilidade de se tirar partido disso: devemos subvencionar esses serviços ao máximo e até recompensar os usuários. Há, inclusive, casos particularmente favoráveis em que um bem preventivo, pelo qual a demanda é mais alta, pode ser utilizado para incentivar o acesso a outro. É o caso dos mosquiteiros impregnados com inseticida, cuja distribuição em maternidades ocasionou maior procura ao acompanhamento pré-natal. Hoje, eles são distribuídos nas campanhas de vacinação contra a rubéola.

Mais a longo prazo, um esforço de informação e de sensibilização é essencial. Para isso a confiabilidade do governo é um ativo essencial, pois a informação deve ser aceita sem necessidade de comprovação. Os governos, porém, tendem a destruir sua credibilidade, desgastando-a com a promoção de metas impossíveis (como no caso da esterilização na Índia). Concentrar-se em mensagens simples, que pedem uma resposta realista, é uma etapa indispensável para quem quer mudar comportamentos.

Conclusão

É ENTÃO POSSÍVEL — e, ao que parece, nem tão difícil — melhorar o acesso dos mais pobres a sistemas de educação e saúde de qualidade. Muitas iniciativas mostram que intervenções não dispendiosas (sessões de leitura, tratamento contra vermes, distribuição de alimentos para encorajar a vacinação, difusão de informações claras sobre os índices de infecção pelo HIV) podem ter efeitos espetaculares contra o analfabetismo e a prevalência das doenças.

Sucessos isolados formam um contraste com as fracas performances das instituições escolares e de saúde vistas globalmente. Se é possível a um jovem que mal saiu do ensino médio ensinar em poucas semanas a uma criança como decifrar as letras, por que tantas outras passam cinco anos na escola, sob a tutela de professores formados, sem aprender a ler? E se um quilo de lentilha multiplica por sete os índices de vacinação, como é possível que 20 milhões de crianças deixem de ser vacinadas a cada ano?

Esses fracassos sistêmicos parecem ter duas razões principais. A primeira é uma certa pusilanimidade da política econômica em termos de educação e saúde. As inovações raramente vêm dos governos ou das organizações internacionais e sim, com bem mais frequência, das ONGs. Os sistemas tendem a continuar como são, e, mesmo quando algum governo se dispõe a aumentar expressivamente os orçamentos, como foi o caso da Índia cinco anos atrás, ele em geral faz isso oferecendo "mais do mesmo" (mais quadros-negros, mais professores, mais enfermeiras, mais remédios etc.). Ora, tudo indica que, tanto em matéria de educação quanto de saúde, essas intervenções costumam não ter nenhum efeito.

O programa mexicano Progresa é um contraexemplo particularmente interessante: condicionar as transferências de renda a um certo número de comportamentos desejados (matrícula na escola, tratamentos preventivos e vacinação) era uma ideia nova e controversa quando a equipe de Santiago Levy concebeu o projeto. Mas sua determinação e o apoio do presidente Zedillo (no escopo da necessidade que então havia no México de repensar totalmente um sistema de ajudas sociais complexo demais) tornaram possível o funcionamento de um projeto-piloto. Graças à transparência do experimento, o Progresa pode ser considerado um completo sucesso: o aumento das matrículas escolares e a melhora da saúde das crianças bastaram para animar o sucessor do presidente Zedillo a manter e ampliar o programa, fazendo com que dezenas de outros países o imitassem. No entanto, ainda que eficaz, o Progresa tem, *como programa educacional,* uma relação custo/benefício bastante desfavorável quando comparado a outras intervenções que visam promover a participação escolar. A popularidade do Progresa demonstra o interesse dos governos por um programa cujo sucesso, mesmo que modesto, é estabelecido com clareza. Há então boas razões para se pensar que o desenvolvimento de uma política incentivando a inovação e a avaliação nos núcleos dos governos de países em desenvolvimento pode favorecer a generalização de programas de eficácia previamente comprovada. Muitas administrações querem agir para melhorar os sistemas de educação e saúde, mas, na falta de boas ideias, a inércia tende a se impor. Mesmo assim, tudo leva a crer que, caso elas surjam, os Estados se disporiam a levá-las adiante.

A segunda razão nos leva a ter certo pessimismo com relação às reformas: hoje, os sistemas oficiais de educação e saúde são, em larga medida, produto da imaginação de burocratas e especialistas sem relação direta com as necessidades das pessoas ou com as realidades locais. Assim a escola, mesmo tendo se aberto a uma população ampla e diversificada, ainda busca formar uma elite. A maior parte das crianças está excluída desse objetivo desde a entrada no curso fundamental: o professor, recompensado apenas pelo desempenho dos melhores alunos, ignora os demais. Ensinar a maioria a ler não é seu objetivo, pois, mesmo que saiba ler, a criança jamais estará "no nível". Os centros de saúde permanecem vazios, pois os pacientes preferem pagar tratamentos particulares potencialmente perigosos e as enfermeiras preferem ficar em casa, sem tentar dar conta da miríade de tarefas que lhes são impostas.

Não se alcançará nenhuma melhora dos sistemas de educação e saúde sem uma definição melhor do que a sociedade espera deles e sem uma reorganização geral em torno dessas prioridades. Tudo prometer e nada realizar só pode levar a um desinteresse, por parte tanto dos usuários quanto de quem os serve. Um objetivo claro pode, pelo contrário, contribuir para motivá-los. Vimos que os professores da Seva Mandir ficaram satisfeitos com as máquinas fotográficas que controlam seu comparecimento às aulas (apesar do incômodo), pois elas os ajudavam a impor no vilarejo a noção de que sua prioridade era estar presente na escola. De forma inversa, as enfermeiras gastam suas forças, credibilidade e, por fim, a própria motivação na busca vã de mulheres que aceitem ser esterilizadas. Esse processo é mais grave no que diz respeito à saúde, mas se nada se fizer para melhorar a qualidade da escola é possível que o sistema de ensino siga o mesmo caminho que a saúde, e que os pais deixem de confiar também nele. Expor os problemas que esses dois setores enfrentam e enfatizar que a maior parte das dificuldades nada tem a ver com ajuda internacional (que todo mundo adora detestar) não é uma boa receita para conquistar a estima dos burocratas dos países em desenvolvimento. É, no entanto, o prelúdio essencial para qualquer verdadeira reforma. Trata-se de uma aposta que vale a pena: a extensão dos progressos a serem feitos é quase ilimitada.

VOLUME II

A política da autonomia

Introdução

No contexto de pessimismo quanto ao desempenho dos organismos de ajuda internacional e, de forma mais abrangente, quanto às tentativas de assistência aos mais necessitados, os agentes da luta contra a pobreza criaram um novo slogan: "Devolvam aos pobres a luta contra a pobreza!". É evidentemente difícil discordar desse princípio geral segundo o qual cada um deve ter o direito de controlar a própria existência. Mas para Amartya Sen, por exemplo, esse direito só faz sentido se acompanhado da capacidade de exercer tal controle, que depende, entre outras coisas, do acesso a uma educação de qualidade e a serviços de saúde eficazes.

O discurso "responsabilista" retira essa incumbência das mãos do Estado. Deste ponto de vista, a política pública deve se limitar a dar aos pobres os meios para que façam sozinhos as escolhas que lhes dizem respeito: o Estado não teria como papel distribuir benefícios pelos quais os pobres apenas aguardariam. Seu trabalho seria o de facilitar a manifestação e o funcionamento dos mercados e de uma democracia local ativa. Caberia assim aos pobres encontrar meios para ajudar a si mesmos, seja individualmente, realizando projetos que julgassem importantes, seja no coletivo, decidindo quais bens públicos são necessários à comunidade e controlando a qualidade dessas atividades.[1] Dessa forma, garantir o acesso aos serviços financeiros e descentralizar a administração dos bens públicos são as duas bases da luta contra a pobreza em voga atualmente: assim pensam empresários como o fundador do eBay, Pierre Omidyar, os "céticos da ajuda", como William Easterly, e mesmo o inventor do microcrédito, Mohammed Yunus.

Não sem alguma resistência inicial, os governos dos países em desenvolvimento acabaram acatando tais ideias. O governo indiano, por exemplo, previu no orçamento 2003-4 um plano nacional de seguro-saúde. Pelo preço anual de onze dólares, levemente subvencionado (o governo entrava com mais dois dólares além desses onze), uma família abaixo da linha da pobreza podia ter um seguro-saúde cobrindo um teto máximo de seiscentos dólares por ano. O microcrédito faz parte, hoje em dia, das ferramentas de base da luta contra a pobreza: seja o programa de desenvolvimento para pequenos agricultores da Indonésia, o programa mexicano de financiamento para microempresas, lançado pelo presidente Calderon, ou os Self Help Groups, na Índia, são centenas os programas governamentais semipúblicos ou privados que propõem microempréstimos (entre cem e mil dólares, em geral) a pequenos empresários pobres. Não se trata de doação: as taxas de juros são altas (chegando a 5% ao mês) e as reuniões semanais, ocasião em que devem se efetuar os pagamentos, são obrigatórias. Mesmo assim, as condições são bem melhores que as do mercado e a esperança é que esses microempréstimos, ao estimular o espírito empreendedor entre necessitados, possam desencadear um ciclo virtuoso de enriquecimento e poupança. Junto a isso, vários Estados tentam delegar a gestão dos bens públicos às comunidades. O Sarva Siksha Avyan, um programa federal indiano destinado a melhorar a qualidade do ensino, prevê que conselhos escolares se encarreguem de recrutar, controlar e, se necessário, dispensar professores temporários. Na Indonésia, o Kecamatan Development Program disponibiliza fundos para as comunidades, que devem construir suas próprias infraestruturas. No Brasil, na Índia, no Timor Leste e em outros países, vereadores eleitos em pequenas cidades se desdobram em crescentes responsabilidades.

Todos esses programas têm em comum a ideia de que os pobres devem ajudar a si mesmos. Assim, eles devem pagar pelo próprio seguro-saúde, em vez de poder contar com cuidados gratuitos, como um francês que se beneficie da cmu ou um americano que utilize o Medicaid (ou ainda como previa inicialmente o sistema de saúde indiano).* A cada semana, eles precisam reunir dinheiro suficiente para pagar seus microcréditos, em reuniões obrigatórias. Devem participar da política local, supervisionar a construção de estradas, ficar de olho nos professores, garantir que não haja roubos etc. Parte-se do princípio de que mesmo os mais pobres são capazes de cumprir todas essas tarefas (e de que desejam fazê-lo) uma vez estimulados e gozando de um ambiente propício. É o que diz John Hatch, fundador do Finca, importante instituição de microfinanciamento na América Latina: "Deem às comunidades mais pobres boas oportunidades e saiam da frente!". O Banco Mundial diz o mesmo: "Se valer a pena, as comunidades vão assumir o problema".[2]

---

* A cmu na França, acrônimo para Couverture Maladie Universelle, é um programa governamental que provê aos mais pobres um seguro-saúde complementar incidindo sobre despesas de tratamento não cobertas pelo sistema público de saúde. O Medicaid nos Estados Unidos é semelhante ao cmu francês. Aplica-se a idosos e pessoas com deficiência e incide sobre despesas não cobertas pelo Medicare. (N. R. T.)

A ideia de que todo pobre é um empreendedor por natureza tornou-se popular com Mohammed Yunus e Hernando de Soto, entre outros. Para este último,[3] os pobres continuam pobres por não terem a escritura da casa em que moram (que muitas vezes é o único bem de que dispõem) e por causa disso não poderem usá-la como garantia para pedir um empréstimo. Essa maneira de pensar abriu um grande campo de manobra para capitalistas e financistas em matéria de luta contra a pobreza. A ideia de um programa "em que todos ganham", no qual se embolsa dinheiro enquanto se ajuda uma dona de casa a descobrir a empresária que havia nela, é atraente tanto para os capitalistas (nada melhor do que ajudar a si mesmo ajudando o próximo) quanto para os políticos, que veem cintilar a possibilidade de erradicar a pobreza.

Da mesma forma, a ideia de que os problemas de corrupção e de má governança que afetam os serviços públicos poderiam se resolver de uma vez por todas se fosse dado aos pobres o controle das operações locais tem o verniz sedutor de uma solução milagrosa. É bom para os moradores dos vilarejos que o dinheiro público seja bem aplicado: estando presentes no local, eles dispõem da informação necessária para evitar abusos e punir aproveitadores. Descentralizar, deixando que as populações escolham os serviços prioritários e as pessoas encarregadas de levá-los adiante, deveria diminuir a corrupção e garantir que as despesas públicas correspondam às verdadeiras necessidades.

No entanto, independentemente do fracasso dos programas "tradicionais" (constatação que por si só merece um olhar mais apurado), é possível provar a eficácia desses modelos? Teríamos dados mostrando que os pobres estão no mesmo ponto, prontos para assumir a responsabilidade de um empreendimento e da política local assim que lhes deem os meios? Curiosamente, apesar da popularidade das microfinanças (entendidas, em sentido amplo, como acesso aos diferentes serviços financeiros), há até bem pouco tempo não dispúnhamos de estudos de impacto rigorosos e imparciais. Já quanto às discussões sobre a descentralização, elas costumam ser gerais e abstratas, evitando mergulhar nos detalhes, como se isso fosse indigno delas. Ora, esses detalhes são fundamentais para quem quer compreender o funcionamento (e, naturalmente, as disfunções) das instituições. Quem participa das reuniões? Quem vota? Será que a descentralização não pode levar à tirania, seja da maioria, seja de uma elite? De maneira mais ampla, pode-se deixar sob responsabilidade dos pobres todos os alicerces da sua existência (desde a atividade econômica até a administração do vilarejo), sem estar, ao mesmo tempo, abandonando-os aos problemas que surgirão?

Este volume se apoia num conjunto de trabalhos recentes, postos em prática sobretudo nos últimos cinco anos, que buscam responder a essas questões. Todos têm isto em comum: utilizam o método experimental, que há dez anos vem se generalizando na economia do desenvolvimento. Esse método extremamente fecundo, inspirado nos testes clínicos da medicina, consiste em comparar de maneira aleatória dois grupos, um submetido a determinada política e outro não.[4] Por exemplo, para avaliar o impacto do microcrédito, um estudo realizado em colaboração com a associação indiana Spandana comparou o número de novas empresas, o consumo das famílias e suas despesas com saúde e educação em 52 áreas onde a associação atua e, com as mesmas variáveis, em outras 52 áreas em que ela não está presente. A Spandana escolheu ao acaso as 52 áreas onde lançou suas atividades de microcrédito, o que garantiu que as 104 áreas fossem comparáveis entre si. Ganha-se com isso a certeza de que as diferenças observáveis entre os dois grupos, dois anos depois da intervenção, se devem ao microcrédito e não a características intrínsecas. Em todos os trabalhos descritos neste livro, num momento ou noutro o acaso intervém para constituir e confrontar grupos estritamente comparáveis, mas expostos a intervenções diferentes.

Esse método, aplicado de maneira criativa e em estreita colaboração com parceiros locais, nos permite responder uma questão fundamental: "O microcrédito ajuda a reduzir a pobreza?". Além disso, esses estudos também revelam o que funciona e por quê. Esse corpus de trabalhos e pesquisas nos dá oportunidade de identificar, melhor do que nunca, as forças e as fraquezas das microfinanças. A abordagem experimental das questões de governança é ainda mais recente. Ao mesmo tempo levada adiante por economistas e cientistas políticos, ela já mudou profundamente a natureza do discurso sobre a política, obrigando-nos a questionar a estrutura das instituições não mais de maneira teórica e geral, mas de forma específica e concreta. Todos esses trabalhos nos permitirão determinar se o acesso aos serviços financeiros e ao poder de decisão local (ou seja, quando a iniciativa é deixada a cargo dos mais pobres) é a chave para uma luta eficaz e sustentável contra a pobreza.

1. As microfinanças em questão

NOS ANOS 1950 E 1960, o acesso ao crédito pelos mais pobres era uma prioridade política importante em muitos países em desenvolvimento. Na Índia, por exemplo, os bancos (nacionalizados em dois momentos, em 1969 e 1980) que quisessem abrir uma nova agência numa cidade precisavam abrir pelo menos quatro unidades em regiões rurais ainda desprovidas dos seus serviços. Esses novos bancos davam créditos subvencionados aos agricultores, dentro do programa Desenvolvimento Rural Integrado.

A partir do final dos anos 1970, tais iniciativas deram lugar a um grande pessimismo, provocado pelo número significativo de compromissos não quitados, um rombo que fez desses programas verdadeiros abismos financeiros. Uma análise do que aconteceu na Índia mostrou que, para fazer um pobre melhorar seu consumo em um dólar, era preciso que o banco gastasse três.[1] A esse custo, era melhor dar esse dólar diretamente em vez de fingir emprestá-lo! Além disso, esses empréstimos não precisavam de fato ser honrados, o que acabou atraindo a atenção de políticos e fazendeiros menos pobres, que passaram então a captá-los. Os bancos públicos liberavam mais empréstimos em anos eleitorais do que em outros, sobretudo nas regiões onde as eleições seriam mais acirradas, sem que a produção agrícola ou industrial aumentasse o mínimo que fosse.² Em 1991, constatando o fracasso do programa de crédito subvencionado, a Índia extinguiu a regra que impunha aos bancos seu estabelecimento nas zonas rurais.

A dificuldade dos governos em conseguir emprestar dinheiro aos mais pobres (que está longe de se limitar à Índia) produz um contraste surpreendente com a presença de um mercado de crédito informal muito ativo, que vai de agiotas a consórcios,³ passando por empréstimos recíprocos entre vizinhos. Todos esses sistemas informais que, sem contratos legais, não têm garantia da justiça ou da polícia funcionam onde o sistema legal fracassou de maneira retumbante. Não seria possível se inspirar nesse sucesso e em alguns dos seus métodos para emprestar aos pobres?

Foi o que a revolução do microcrédito alcançou, e de forma brilhante. Em 1976, Mohammed Yunus fundou o Grameen Bank, servindo-se do próprio salário para emprestar dinheiro a algumas mulheres perto de Dhaka, em Bangladesh. Hoje, o microcrédito representa um fenômeno planetário, com 150 milhões ou 200 milhões de clientes, movimentando 20 bilhões de dólares e com juros bastante elevados, frequentemente acima de 95%. Instituições como a Adie, na França, e a Grameen Foundation and Action, nos Estados Unidos, levaram esse conceito para países ricos.

Hoje, o microcrédito é provavelmente a mais conhecida intervenção contra a pobreza. Fala-se, às vezes, das duas faces do microcrédito: a vertente comercial (a maioria das agências de microcrédito se pretende financeiramente independente) e a social (a meta explícita dessas instituições é ajudar seus clientes a saírem da pobreza). O movimento teve considerável sucesso nos dois campos. Em 2006, Mohammed Yunus e o

Grameen Bank ganharam o prêmio Nobel da paz. Em 2008, a Compartamos, uma instituição de microcrédito mexicana, entrou com sucesso no mercado da Bolsa, com lucro digno de uma start-up tecnológica (o que, no entanto, desencadeou críticas de Mohammed Yunus, que considera suas taxas de juros e lucros altos demais, como as de um "novo agiota"). As instituições de microcrédito querem hoje superar o simples papel de emprestadoras de dinheiro para se tornar instituições de microfinanças (donde o acrônimo IMF), propondo também a seus clientes produtos como poupança, empréstimos imobiliários e seguros.

As expectativas em torno do microcrédito estão à altura da sua formidável expansão, muito acima do que se pode esperar de um simples serviço financeiro. A coexistência das duas faces fez com que se vislumbrasse uma situação "em que todos ganham", sem custos para a generosidade coletiva, que poderia ser indefinidamente reciclada e daria aos pobres meios para escapar da sua condição graças a seu próprio esforço. O site da CGAP, agência do Banco Mundial que coordena o financiamento de microcrédito no mundo, promete efeitos sobre a educação, a saúde, o poder feminino etc. Mas o contragolpe é violento. A mídia, que antes incensava o microcrédito, propaga agora documentários e artigos denunciando as altas taxas de juros, o superendividamento dos clientes e a ausência de melhora em suas vidas. Assim como nas inúmeras discussões sobre a pobreza, esse debate se alimenta mais de paixões e de exemplos fortuitos do que de reflexão e de fatos concretos. No entanto, observações que foram se acumulando vindas de muitos estudos nos possibilitam apresentar um panorama mais completo e esmiuçado.

Pobreza e acesso ao crédito

Análise econômica do mercado de crédito

A análise econômica identifica dois problemas essenciais para qualquer mercado de crédito: o risco moral (situação em que o tomador de empréstimo se comporta mal) e a seleção adversa (quando o tomador de empréstimo tem informações que não passa ao investidor). Esses dois fenômenos bloqueiam, às vezes completamente, o acesso dos mais pobres ao crédito e, mesmo quando esses conseguem um empréstimo, tais problemas acarretam taxas de juros mais altas para eles do que para os ricos. Tal situação cria (pelo menos virtualmente) uma terceira questão: teriam os pobres projetos rentáveis o suficiente para pagar empréstimos com tarifas tão altas?

O conceito de risco moral designa uma situação em que o tomador de empréstimo deliberadamente se comporta mal. Por exemplo, não realiza o projeto com o qual se comprometeu ou não paga o empréstimo, mesmo que o projeto tenha sido posto em prática e esteja gerando renda o bastante para que o pagamento seja honrado. Consideremos em detalhe este último exemplo: imaginemos que um indivíduo compre uma empresa graças a um empréstimo. Ele pode revender esse bem, até por um valor menor, e desaparecer com o dinheiro que pegou emprestado, sem pagar (correndo o risco, é claro, de ser pego e perder tudo). A tentação do golpe é ainda maior quando o empréstimo supera o que ele próprio investiu; um caso extremo é aquele em que o banco fornece a integralidade do capital, sem que o contratante tenha nenhum prejuízo pessoal. Para evitar essa situação, o banco deve exigir que o cliente entre com uma parte significativa do capital a investir, de forma que, em caso de revenda e fuga, suas perdas pessoais sejam superiores ao que ele ainda devia ao banco. Como diz um conhecido ditado, só se empresta aos ricos, e um futuro empresário só pode pegar emprestado uma parte daquilo que ele já tem. O teto máximo do empréstimo nada tem a ver com a qualidade do projeto.

E as coisas se complicam ainda mais: para administrar um empréstimo, o banco precisa investir recursos (funcionários, encargos administrativos etc.). Uma parte desses custos independe do montante emprestado: para cada empréstimo, um funcionário abre um dossiê, encontra o cliente, avalia seu projeto, acompanha sua atividade, verifica seus pagamentos etc. Para o banco não perder dinheiro, todo esse custo precisa ser coberto pelos juros da dívida. Os mais pobres, com somas menores emprestadas, pagam proporcionalmente juros maiores. Mas isso incentiva a inadimplência, o que acaba por reduzir o valor da soma máxima que conseguem obter e, por efeito cascata, pressiona ainda mais a taxa de juros. É assim que, no mercado de crédito, pode-se chegar à completa exclusão dos mais pobres: para eles, a espiral entre a taxa de juros e o montante máximo possível é infinita.

Essas reflexões sugerem de saída duas razões para o sucesso das microfinanças. Primeiro, a redução dos custos administrativos tem um efeito multiplicador: permite baixar as taxas de juros, o que diminui a tentação do calote e, consequentemente, abre espaço para uma nova redução das taxas. Isso permitiu abrir o mercado de crédito a uma população antes excluída. Em seguida, a poupança forçada (quando permitida por lei) ajudou os clientes a constituírem uma reserva de riqueza que pode servir de hipoteca e, com isso, aumentar o montante do empréstimo e reduzir os juros.

Essa análise simples nos permite voltar à controvérsia entre Mohammed Yunus e a Compartamos a respeito das taxas de juros pagas por tomadores de empréstimo mexicanos (por volta de 75%, bem acima dos 30% que Yunus considera aceitáveis). As taxas praticadas pela Compartamos na verdade são similares às de outras instituições mexicanas. A razão dada para justificar taxas tão elevadas é que os custos de gestão são muito altos no México, um país com salários medianos, em que os empregados são relativamente bem pagos. Se a Compartamos quisesse praticar taxas mais baixas, teria que evitar os empréstimos mais modestos e, assim, excluir os clientes mais pobres. As taxas de juros elevadas são, paradoxalmente, o único meio que a instituição tem para assegurar uma inclusão mais ampla.[4]

A seleção adversa é o segundo obstáculo que pode limitar o acesso dos mais pobres ao crédito. Ela caracteriza a situação em que o tomador de empréstimo tem uma informação que não compartilha com o investidor; por exemplo, sobre a viabilidade ou os riscos do seu projeto. Por uma ou outra dessas razões, alguns clientes representam um risco maior. Se o banco não souber identificá-los, a única solução é fazer com que todos paguem a mesma taxa de juros mais alta, inclusive os clientes confiáveis, para cobrir as eventuais perdas. Paradoxalmente, esse aumento das taxas, por sua vez, agrava os riscos do projeto e faz com que o banco empreste menos e a taxas maiores. Essa alta pode também desencorajar os clientes mais seguros, o que leva o banco a aumentar ainda mais as taxas. Uma espiral sem fim pode assim ocorrer: mesmo que o mecanismo seja diferente, chega-se a uma situação similar em que os mais pobres, por um lado, são completamente excluídos do mercado de crédito e, por outro, quem pode obter um empréstimo paga taxas muito elevadas.

Nesse caso, um investidor pode melhorar as condições do crédito captando mais informações sobre o futuro cliente. Isso ocasiona novos custos fixos, ligados à relação entre o banco e o cliente e não a um empréstimo específico. Mas, uma vez que esses custos sejam compensados no primeiro empréstimo, o banco pode voltar a emprestar para o mesmo cliente com mais facilidade e este tenderá a pedir empréstimos outras vezes. Se todo mundo agir da mesma forma, contudo, os que procuram um novo investidor serão clientes novos ou rejeitados por outro banco, talvez por terem falhado em seus compromissos anteriores. Com isso, a troca de banco se torna difícil e motivo de suspeitas. Mesmo quando os mercados parecem concorrer (por exemplo, por haver um grande número de emprestadores possíveis), cada relação investidor-cliente se torna na prática um monopólio, com o emprestador podendo explorar o cliente, que passa a estar vinculado a ele. Um estudo no Paquistão sobre os agiotas de vilarejos demonstrou esse mecanismo.[5] Se os agiotas não roubam clientes dos colegas, não é exatamente por questões éticas, mas por não ser vantajoso para eles: os moradores da localidade ficam assim fechados numa relação individual com o agiota que pagou o custo (considerável) de se informar sobre eles. As taxas de juros podem então aumentar a níveis astronômicos (chegam às vezes a 200% ao ano).

A análise econômica do mercado de crédito não é, evidentemente, a única possível: estudos políticos e sociológicos demonstraram as relações de poder e a importância da estrutura social na relação cliente-emprestador, sobretudo nos meios rurais tradicionais. Mesmo assim, essa análise acaba mostrando que pobreza pode gerar pobreza. Desse modo, mesmo na falta de outros limites políticos e sociais, o fato de ser pobre limita a capacidade de se levar adiante as próprias ideias e projetos, condenando o empreendedor em potencial a continuar pobre e estagnado. A esse mecanismo individual se acrescenta um processo que atua em nível mais global. Uma sociedade afluente pode organizar um sistema judiciário e uma polícia eficientes, além de centrais de crédito que, transmitindo dados sobre as quitações passadas do cliente, limitam o problema da disparidade de informações, poupando esforços de todos. Mas tal nível de organização pode estar fora do alcance de uma sociedade muito pobre.

Dessa forma, o mercado de crédito é um exemplo de como a pobreza se retroalimenta e se reforça, num círculo vicioso. Não surpreende, então, que essas análises do mercado de crédito tenham sido a pedra angular das análises modernas da economia do desenvolvimento, sobretudo sob a influência de Joseph Stiglitz.[6] O que não impede, antes o contrário, que nos perguntemos sobre a importância prática das limitações desse mercado: qual é, afinal, o seu papel?

Taxas de juros elevadas reduzem a demanda?

A primeira consequência da imperfeição do mercado de crédito são as taxas de juros elevadas e inversamente proporcionais à riqueza dos clientes e aos montantes disponibilizados. Isso poderia ter como efeito desestimular os pobres a pedir empréstimos, caso não tenham projetos rentáveis o suficiente para compensar esse nível de juros. Na realidade, as taxas praticadas no mercado de crédito informal (que, desde o fracasso dos grandes programas públicos de crédito, cobre a maior parte das necessidades dos mais pobres) são de fato elevadas, variando em função da riqueza do cliente. Citaremos apenas três exemplos. O já mencionado estudo sobre os agiotas paquistaneses mostra que, de um empréstimo a outro, a taxa praticada pode variar de 18% a 200% ao ano — a média é de cerca de 80%. Em Chennai, na Índia, os vendedores de frutas, que diariamente pegam emprestado dos atacadistas o valor da sua mercadoria cotidiana, pagam até 5% ao dia (mais do que 54 milhões por cento ao ano!).[7] Menos espetaculares, mas ainda assim muito elevadas e representativas do quanto são oneradas as empresas informais em muitos países, são as taxas pagas por empresários de Hyderabad: 3% ou 4% ao mês, em média.[8]

Seriam essas taxas de juros altas demais para os pobres? À primeira vista, não parece ser o caso, pois eles sempre pedem empréstimos. Além disso, os índices de calote no mercado informal são bem baixos. A maioria desses empréstimos serve para financiar uma atividade lucrativa. Existem, então, pobres que podem pegar emprestado e pagar apesar das taxas elevadas, o que mostra que fazem um uso extremamente produtivo desse dinheiro. Essa constatação foi o ponto de partida de Mohammed Yunus: se as pessoas são capazes de pegar emprestado e pagar com as tarifas praticadas no mercado informal, deve ser possível emprestar dinheiro com taxas mais razoáveis e manter índices elevados de pagamento.

No entanto, só conhecemos as taxas pagas por quem escolheu pegar emprestado, e eles talvez representem apenas uma fraca minoria do potencial de empreendedores. É de fato possível que haja uma forte heterogeneidade e que muitos pobres se excluam por si sós do mercado de crédito tradicional por causa dos juros altos. Para confirmar isso, seria preciso conhecer a lucratividade média (e suas variações) de todas as pequenas empresas, e não apenas as de quem decide pedir um empréstimo.

Um experimento realizado no Sri Lanka nos fornece informações nesse sentido.[9] A partir de um recenseamento entre empresas informais, 408 empreendimentos familiares foram escolhidos: comércios ou pequenos ateliês, com capital inferior a mil dólares e movimentação mensal média de cem dólares. Depois de uma pesquisa inicial, ofereceu-se aos pequenos empresários participar de um sorteio, através do qual alguns conseguiriam subvenções para a sua atividade: uns receberam cem dólares, outros, duzentos, e os que nada ganharam constituíram, assim, o grupo de controle. Após a entrega dos subsídios, novas rodadas de pesquisa sucessivas permitiram ver como o prêmio foi utilizado e o seu efeito nas vendas e nos lucros. Esse estudo pôde nos informar sobre a rentabilidade média do capital dessas pequenas empresas.

Ela se mostra bastante elevada. O lucro mensal médio das empresas do grupo que recebeu o auxílio de cem dólares em dinheiro passou de 3850 rupias (mais ou menos 38 dólares) a 5271 rupias (53 dólares). Isso representa um índice altíssimo de rentabilidade do capital, de 4,6% a 5,3% ao mês, ou seja, de 55% a 63% ao ano (mais elevado que as taxas de juros praticadas no mercado informal no meio urbano, que, como vimos, chegam a 3% ou 4% ao mês). Por outro lado, as empresas favorecidas com duzentos dólares não se tornaram mais rentáveis que as favorecidas com cem dólares. Isso se explica sobretudo pelo fato de que as somas efetivamente investidas no negócio são similares nos dois grupos: os que receberam duzentos dólares utilizaram metade do dinheiro para necessidades domésticas e não ligadas à empresa. Mesmo assim, esse resultado indica que, considerando o tamanho do negócio, a rentabilidade de um investimento em capital decresce rápido: a capacidade de absorção dessas pequenas empresas não é infinita.

Esses estudos nos mostram que muitos pobres são capazes de pedir um empréstimo e honrá-lo, apesar dos juros altos. A impossibilidade de as instituições praticarem tarifas baixas e se manterem rentáveis não é, portanto, o motivo da exclusão de pobres do mercado de crédito. Uma avaliação realizada na África do Sul confirma que, em certa medida, mesmo quando as taxas de juros são bastante altas, elas não chegam a desencorajar os clientes.[10] Uma instituição de empréstimo de consumo (uma antiga instituição de microcrédito) que pratica taxas de juros mensais variando entre 8% e 12% enviou propostas de empréstimo a antigos clientes que, no momento do estudo, não tinham nenhum em andamento. Em vez dos juros habituais, uma taxa escolhida ao acaso era oferecida, fixada num nível relativamente próximo ao da taxa que costumava ser usada com aquele cliente. Para não desencorajá-los, em 97% dos casos era um pouco inferior à habitual. O prazo de pagamento do empréstimo também variava aleatoriamente.

Em média, poucos responderam à oferta (9% dos clientes). A probabilidade de sucesso aumenta quando a taxa oferecida é menor (como era de esperar), mas essa diminuição não é tão rápida: baixar a taxa de juros em um ponto percentual por mês atrai apenas 0,3% de clientes a mais. Assim, se o banco reduzir sua taxa de juros mensal de 8% para 5%, a proporção de clientes que aceitariam pegar um empréstimo aumentaria em apenas um ponto. Ou seja, as taxas de juros não são tão dissuasivas, exceto quando se tornam muito elevadas: a demanda só cai de maneira significativa quando a taxa ultrapassa três pontos percentuais acima do valor habitual. Parece, portanto, que esse banco fixou suas taxas habituais num nível próximo ao que maximiza suas receitas sem desencorajar a demanda.

Tais resultados poderiam se dever ao fato de que a maioria dos antigos clientes nem sequer lê a proposta: se não precisam de crédito naquele momento, simplesmente a jogam fora. Se quiserem de fato um empréstimo, resolvem a questão da taxa de juros conversando com o gerente. No entanto, eles são bem mais sensíveis ao prazo proposto para o pagamento. Isso parece indicar que os clientes leram e entenderam o que foi oferecido, mas que a taxa de juros não é um fator de escolha tão importante. Esses resultados parecem dar razão a instituições de microcrédito como a Compartamos, que creem ser possível fixar taxas altas sem desencorajar os clientes e que, por isso, não se deve hesitar em fazê-lo — e com isso garantir a solidez financeira da instituição. Para elas, já que ninguém é obrigado a pegar um empréstimo, mais vale oferecer essa possibilidade com juros altos do que excluir totalmente algumas categorias de clientes.

Esse argumento pressupõe, no entanto, que quem pega um empréstimo entende o significado das taxas de juros, o que não parece tão óbvio. Por um lado, as instituições de microfinanças nem sempre são transparentes. Na Índia, por exemplo, a taxa de juros anunciada é paga sobre a totalidade do capital emprestado durante todo o período do empréstimo. Digamos que o cliente pegue 104 dólares emprestados e reembolse, em

52 semanas, dois dólares por semana de capital e quarenta centavos de juros. A taxa de juros anunciada é de 20%, mas os clientes começam a reembolsar o capital imediatamente e continuam, portanto, a pagar juros sobre uma soma que já reembolsaram. A taxa de juros efetiva que se aplica à soma que falta reembolsar (aquela que o banco nos indica para um empréstimo imobiliário, por exemplo) é, na verdade, o dobro da anunciada. A falta de transparência dessa prática irrita o Banco Central indiano, o estabelecimento encarregado de regular as microfinanças. As instituições de microfinanças justificam essa medida alegando ser mais simples para os clientes pagar sempre a mesma quantia a cada semana. É verdade, poderíamos responder, mas isso não os impede de anunciar a taxa verdadeira, explicando como ela é paga a cada mês.

Por outro lado, a taxa de juros costuma ser um conceito difícil de ser apreendido pelos clientes. Nas pesquisas, eles têm sempre dificuldade para dizer a que taxa contraíram o empréstimo, a menos que tenham um documento indicando o valor expressamente. Tendo em vista essa dificuldade, é possível que os clientes, mesmo prestando atenção às ofertas de crédito, não se concentrem nesse ponto e se interessem mais por outros detalhes. Para confirmar essa suposição, os pesquisadores que trabalharam com o banco sul-africano de crédito ao consumo introduziram modificações comerciais sutis na carta-proposta enviada pelo banco (a mesma em que ofereciam as diferentes taxas e prazos do empréstimo). A carta variava: podia ter ou não uma foto, às vezes oferecia o sorteio de um telefone celular e o crédito era apresentado de maneira simples ou mais completa, detalhando diferentes opções etc. Isso permite que se compare a maneira como a decisão do cliente é influenciada pela taxa de juros e por mudanças totalmente superficiais na apresentação.

Os resultados são muito impressionantes — e um pouco preocupantes. No conjunto, todas as mudanças, por mais inofensivas que sejam, afetam significativamente a demanda. Algumas surtem mais efeito que outras: a foto de uma jovem aumenta o número de contratações em 0,6% — isto é, mais do que a diminuição de um ponto na taxa de juros, que só produz um aumento de 0,3%! Aliás, é interessante notar que esse resultado se deve exclusivamente aos homens; a foto de um homem não tem nenhum efeito sobre as mulheres! Os exemplos de como utilizar o dinheiro parecem desencorajar os beneficiários, que parecem vê-los como uma obrigação: dar um exemplo específico faz a demanda cair em 0,6% (o mesmo que um aumento da taxa de juros de dois pontos ao mês!). Por fim, apresentar a oferta da forma mais simples possível, com apenas um exemplo de montante e de prazo, aumenta a contratação em 0,7% se comparado a uma oferta mais complicada, que propõe várias opções.

Com isso, manobras que poderiam parecer insignificantes têm efeito maior que as próprias taxas de juros. Isso significa que compreendemos mal os fatores que determinam a demanda de crédito, pois nossos modelos tradicionais comportam apenas o prazo para a quitação e as taxas de juros, deixando de fora diversos parâmetros que, no entanto, revelam-se decisivos. Dito isso, o fato de os mais pobres se disporem a pagar taxas de juros altas para conseguir empréstimos não torna aceitável fazê-los pagar tais valores, pois eles nem sempre têm total conhecimento de causa: tudo depende do efeito do crédito, questão à qual voltaremos mais adiante.

Taxas de juros elevadas deterioram a qualidade do crédito?

Qualquer que seja a razão, pagar taxas elevadas, como vimos, não desencoraja boa parte da clientela. Contudo, é possível que essas taxas favoreçam o não cumprimento dos pagamentos (risco moral) e atraiam clientes que, de antemão, considerem não pagar (seleção adversa). Como identificá-los? E se constatarmos que a inadimplência acompanha o aumento da taxa de juros, isso se deve ao risco moral ou à seleção adversa? São questões essenciais, tanto para o banco (cuja estratégia pode se guiar por essas respostas) quanto para nossa compreensão do mercado de crédito.

Distinguir o risco moral da seleção adversa é difícil, pois, por definição, nenhum dos dois é observável (se o banco soubesse quem não vai pagar, negaria o crédito para esses clientes). Um estudo muito original da mesma equipe, ainda na África do Sul, conseguiu apontar essas variáveis ocultas.[11] O experimento, mais uma vez, partiu da carta propondo diferentes taxas de juros escolhidas aleatoriamente. Os pesquisadores notaram que os clientes que aceitam juros maiores restituem um pouco menos que os demais, mas a diferença não é grande: o índice de inadimplência no final do prazo é em média de 10,5% para os contratos com tarifa alta e de 8,7% para aqueles com juros mais baixos. Essa diferença pode estar ligada tanto à seleção adversa (alguns dos que aceitaram juros mais altos sabiam que não pagariam a dívida) quanto aos efeitos das próprias taxas de juros, seja pelo risco moral (taxas mais elevadas aumentam a tentação de não pagar), seja em razão dos encargos (quando o peso do valor devido aumenta, fica mais difícil, para uma família em dificuldade, suportá-lo). Nos defrontamos então com o problema de identificação habitual, em que tentamos distinguir um efeito causal (o efeito da taxa de juros) de um efeito de seleção (uma vez que aceitar o empréstimo é uma escolha, os que o aceitam com tarifas altas não são comparáveis aos que o aceitam com tarifas baixas). Gostaríamos de identificar os dois efeitos e não apenas o efeito causal.

A solução engenhosa a que chegaram os pesquisadores consiste em fazer com que o acaso intervenha pela segunda vez. Quando os clientes que decidiram pedir o empréstimo vão ao banco, aqueles que receberam a oferta com taxa de juros baixa têm essa taxa confirmada na agência. Porém, alguns dos que inicialmente receberam a oferta com taxa elevada têm uma boa surpresa: o bancário lhes diz que o sistema o autoriza a propor uma taxa mais vantajosa. Esses felizes ganhadores são, é claro, escolhidos ao acaso, graças a um software nos computadores dos funcionários.

Temos então dois grupos de clientes que a princípio receberam propostas diferentes (uns a aceitaram a juros altos e outros a juros baixos), mas que, no final, contraem o empréstimo nas mesmas condições. O efeito ex-post da taxa de juros sobre os comportamentos (risco moral e peso do valor a ser pago) fica com isso neutralizado e a comparação dos índices de pagamento desses dois grupos de clientes nos informa sobre o efeito de seleção adversa. Temos da mesma forma dois grupos de clientes que, de início, receberam a mesma proposta a juros altos e aceitaram o empréstimo. Mas uma parte deles, por fim, firma contrato com taxas mais baixas. Nesse caso, é o efeito de seleção que é neutralizado; comparar esses dois grupos nos permite, assim, isolar o efeito ex-post da taxa de juros. Esse experimento nos permite excluir a seleção adversa e o efeito ex-post da taxa de juros. Os índices de pagamento são quase idênticos entre os clientes que receberam uma oferta baixa e aqueles que contraíram o empréstimo com uma taxa baixa, mas haviam já decidido contratá-lo mesmo com a taxa alta (sem seleção adversa). São igualmente bem parecidos entre esse segundo grupo e o daqueles que inicialmente receberam oferta de uma taxa de juros alta e a contrataram (sem efeito ex-post da taxa de juros sobre o pagamento).

Isso deve então nos convencer de que nem a seleção adversa nem o risco moral são problemáticos no âmbito do mercado de crédito informal? De forma alguma. Primeiro, quando o banco não quer aumentar sobremaneira a taxa de juros, a taxa "alta" é, na verdade, a habitual. É possível que esse histórico já tenha descartado os menos dispostos a pagar encargos semelhantes. Em outras palavras, o efeito de seleção adversa operando sobre uma população já selecionada é sem dúvida menor. Para se ter certeza, seria preciso realizar o mesmo experimento com clientes novos. Além disso, um aumento da taxa de juros, mesmo de um ponto por mês, não se traduz em um agravamento expressivo do calote. É possível que essa não seja uma razão suficiente para não pagar, sobretudo se os clientes estiverem em condições de fazê-lo (a taxa significativa de inadimplência se explicaria por problemas fortuitos, que os impediram de honrar os pagamentos) e quiserem evitar outros problemas mais graves — por exemplo, não pagar prejudicaria a relação entre o cliente e o banco, privando-o da possibilidade de pleitear um novo empréstimo.

Para isolar esse efeito, os pesquisadores introduziram uma alteração suplementar. Parte da clientela recebeu uma proposta de empréstimo a juros baixos (em comparação com aqueles a que estava habituada) e, junto a isso, a possibilidade de manter a mesma taxa no futuro, caso reembolsasse o valor integral do primeiro crédito dentro do prazo estabelecido. Não aceitando a proposta, o cliente perdia essa condição bonificada. E era uma perda significativa, já que os bancos concorrentes possivelmente não ofereceriam taxas assim para esse tipo de cliente. As microfinanças fazem uso frequente de iniciativas como essas (também chamadas de "incentivos dinâmicos"). A promessa de conservar a taxa mais baixa tem um impacto significativo sobre os índices de inadimplência, que diminuem em um sexto (dois pontos percentuais) no grupo ao qual se ofereceu essa vantagem. O risco moral é então um problema real no mercado de crédito, e os incentivos dinâmicos constituem uma ferramenta poderosa para combatê-lo. Ainda assim, as taxas de juros podem ser elevadas sem que o mercado de crédito afunde.

Os lucros das microfinanças

As microfinanças conseguem disponibilizar empréstimos aos mais pobres com taxas relativamente altas, mas ainda assim abaixo das praticadas por agiotas. Trata-se de um fascinante exemplo de inovação institucional em que um novo mercado se abriu graças à identificação de soluções novas para um velho problema: a assimetria de informações sobre o mercado de crédito.

O modelo canônico do microcrédito, inspirado no exemplo original do Grameen Bank, fundado por Mohammed Yunus, compreende vários parâmetros que poderiam, em princípio, explicar o seu sucesso.[12] Primeiro, os empréstimos são em geral concedidos apenas às mulheres; depois, os clientes devem pagar a cada semana, por um ano, uma parte do capital e os juros. Os empréstimos são disponibilizados a um grupo de cinco a dez mulheres ligadas por responsabilidade solidária: se uma não paga, as outras têm que pagar por ela. Esses grupos se encontram toda semana, no momento do pagamento, e em algumas instituições essas reuniões são uma ocasião para reforçar a solidariedade do grupo, transmitir mensagens de cunho social (como as dezesseis resoluções do Grameen Bank)[13] ou propor aulas básicas de formação. Os empréstimos concedidos são bem pequenos no começo, aumentando com o tempo. Uma equipe numerosa e mal remunerada, mas que recebe um bônus em parte fundado sobre o número de novos clientes e em parte sobre os índices de pagamento, acompanha de perto os devedores. As taxas de juros são altas, de 20% ao ano no mínimo, podendo chegar a 100%.

Mundo afora, muitos imitaram o Grameen Bank, sem, no entanto, seguir algumas das qualidades essenciais de Mohammed Yunus, como sua criatividade e seu senso de inovação. Ainda recentemente, o modelo era copiado em seu formato original por todo lugar, sem que ninguém se perguntasse quais eram as chaves do seu sucesso. Vários estudos recentes, contudo, nos permitem compreender melhor o papel de cada parâmetro.

Emprestar às mulheres

Há três razões pelas quais as instituições de microfinanças emprestam sobretudo a mulheres. Primeiro, elas seriam mais confiáveis por natureza (ou mais sensíveis à pressão social), e logo mais inclinadas a pagar suas dívidas. Segundo, o empréstimo melhoraria seu status e seu poder de negociação dentro de casa. Como se supõe que as mulheres se interessam mais pela educação e pela saúde dos filhos, o microcrédito estaria realizando uma verdadeira transformação na vida dessas clientes, indo bem além da exclusiva atividade remuneradora. Por último, as mulheres não têm outro meio para financiar suas atividades, enquanto os homens podem conseguir empréstimos em bancos ou emprestadores informais com mais facilidade. Dessa forma, emprestar às mulheres pode ser mais rentável (e seguro), pois elas terão como desenvolver novas atividades, potencialmente lucrativas, que não tinham como financiar antes.

Sobre a suposta idoneidade das mulheres, infelizmente não dispomos ainda de avaliações confiáveis (em que o crédito tenha sido atribuído de maneira aleatória a homens ou a mulheres). Voltaremos adiante à eventual melhora do status da mulher quando estudarmos os efeitos do microcrédito. Quanto ao terceiro ponto, relativo à rentabilidade das suas atividades, o experimento no Sri Lanka que mencionamos antes nos permite comparar a produtividade de empresas administradas por homens e por mulheres.[14] Para os homens, uma entrada de cem ou duzentos dólares eleva os lucros da empresa de 47 dólares para mais de sessenta dólares. Muito surpreendentemente, dar às mulheres uma soma para investir não surte qualquer efeito sobre o retorno do negócio: os lucros mensais são de 28 dólares para as que nada receberam, o mesmo para as que ganharam cem dólares e de apenas 26 dólares para as que conseguiram duzentos dólares.

Mesmo que esse experimento aborde uma única população (seria preciso repeti-la em vários contextos para tirar conclusões mais definitivas), esses resultados nos dão o que pensar. Como explicá-los? Em certos casos, o aporte de dinheiro não foi investido no empreendimento, mas utilizado na compra de bens domésticos. Mas a falta de efeito sobre o lucro persiste, mesmo quando se investe todo o montante. Parte da explicação vem do fato de as mulheres trabalharem em setores menos rentáveis; mesmo se levarmos isso em consideração, porém, a diferença persiste. O mistério da fraca produtividade do capital das empresas femininas se mantém.

Esses resultados são surpreendentes, mas não isolados. Num contexto agrícola, pesquisas realizadas em Gana e em Burkina Faso mostraram que, mantidos todos os demais elementos, as áreas cultivadas por mulheres recebem menos investimentos e produzem menos que as dos homens.[15] O fato de atividades com rendimentos muito diferentes coexistirem num mesmo casal sugere que a família não funciona, como a economia costuma pensar, como uma unidade harmoniosa, visando maximizar o bem-estar coletivo: se fosse este o caso, o casal manteria somente a atividade mais rentável, repartindo os frutos entre os membros da casa. Por exemplo, os duzentos dólares dados à mulher poderiam ter sido investidos na atividade do marido. Não é o que se observa, provavelmente pelo fato de cada membro precisar manter o controle dos recursos que traz para manter também um direito de controle sobre as despesas.

Esses resultados talvez indiquem que o objetivo das empresas familiares, sobretudo as das mulheres, não é necessariamente o de maximizar a produtividade: elas podem muito bem seguir outras metas. É comum ouvirmos mulheres responsáveis por uma pequena atividade afirmarem que, para elas, é mais um meio para completar o orçamento familiar enquanto tomam conta das crianças do que empreender com a intenção de prosperar.

Os pagamentos semanais

Os microcréditos têm quase sempre um prazo semanal para as parcelas, que começa a contar a partir da concessão do dinheiro. As instituições de microfinanças consideram esse ritmo essencial para garantir a disciplina do pagamento, julgando ser mais fácil reunir uma pequena soma a cada semana do que uma soma maior todo mês, ou mesmo de seis em seis meses. Mas isso não deixa de apresentar inconvenientes para o cliente. Por exemplo, a pessoa que usou o empréstimo para comprar uma vaca nada recebe enquanto a vaca não produz leite: os recursos para pagar as parcelas terão que vir de outra fonte. Alguns clientes se dizem desanimados por essa obrigação semanal. Se esse sistema não for indispensável, seria interessante propor um ritmo de pagamento mais flexível.

Para descobrir o impacto do uso de um calendário mensal sobre os índices de pagamento, a Village Welfare Society (vws), uma associação de Calcutá, organizou uma loteria com cem grupos de microcrédito recém-criados.[16] Um terço deles manteve o pagamento semanal, enquanto um terço passou para o mensal e a última terça parte passou para o mensal sem que fosse preciso participar das reuniões semanais. Em todos os grupos, no primeiro ciclo da dívida (o primeiro ano), os índices de pagamento se mantiveram bastante altos, acima de 97%.

Mudar para a periodicidade mensal não afetou a regularidade. Além disso, constatou-se que as parcelas mensais fizeram com que os clientes investissem mais nas suas atividades, que assim se desenvolveram mais rápido. Vemos então que as parcelas semanais têm um custo e não são de fato imprescindíveis para garantir o pagamento, pelo menos no curto prazo (veremos adiante os eventuais impactos no longo prazo).

O empréstimo solidário

O empréstimo solidário é a característica do microcrédito que mais deu o que falar, devido a seu caráter particularmente inovador. Nesse modelo, cada mulher é responsável pelos empréstimos das outras participantes do grupo. Toda semana, o grupo deve quitar a totalidade do montante devido: se uma mulher não puder pagar, as outras terão que fazer isso por ela.

Em princípio, isso pode favorecer a concessão de crédito por duas razões. Uma delas é que as clientes utilizam as informações que têm sobre as parceiras potenciais (das quais nem sempre o banco dispõe) para selecionar as melhores: uma cliente que sabe que vai pagar não vai querer se associar a outra menos confiável. As clientes idôneas vão então ficar juntas. As clientes de risco, por sua vez, não irão se juntar a um grupo de colegas também de risco: não vão querer pagar os prejuízos das parceiras. Com a responsabilidade solidária, o banco evita as clientes mais duvidosas, podendo oferecer uma taxa de juros mais baixa.[17] A outra razão é que as integrantes do grupo pertencem ao mesmo vilarejo e já se conhecem. Próximas umas das outras, podem se vigiar reciprocamente.

E fazem isso de graça, o que reduz o custo de monitoramento e a taxa de juros.

O empréstimo solidário, contudo, tem seus inconvenientes. A pressão excessiva dos membros do grupo pode acabar desencorajando qualquer tipo de risco, o que limita o crescimento das atividades financiadas pelo microcrédito. Além disso, quando os integrantes de um grupo seguem trajetórias diferentes, alguns podem querer empréstimos maiores, o que se mostra impossível se os demais, limitando-se a pequenas quantias, não quiserem assumir uma responsabilidade maior. Na verdade, as instituições de microfinanças discretamente abandonam a responsabilidade solidária. É o caso do próprio Grameen Bank, cujo modelo Grameen II deixou de se apoiar na responsabilidade solidária formal: as mulheres continuam a fazer parte de um grupo e a se encontrar a cada semana para o pagamento, mas não são mais legalmente responsáveis entre si: qualquer uma delas pode continuar a pedir empréstimos, mesmo que uma integrante do grupo deixe de pagar.

Mas o empréstimo solidário não era a pedra angular do microcrédito? Parece que não. Dois estudos realizados em parceria com o Green Bank de Caraga, nas Filipinas, tentam isolar o efeito da responsabilidade solidária sobre o mútuo controle e a seleção dos clientes.[18] O primeiro deles fez com que 56 grupos, de início sob o regime da responsabilidade solidária, passassem a um sistema de responsabilidade individual. Os clientes continuavam a se encontrar toda semana, mas sem serem responsáveis uns pelos outros, como no modelo Grameen II. Isso permitiu verificar se os pagamentos diminuíam, já que os clientes deixavam de fazer esse controle. A resposta é não: os índices se mantiveram os mesmos. No entanto, os clientes entrevistados haviam entendido perfeitamente a diferença entre os dois regimes. Para o segundo estudo, foram selecionadas de maneira aleatória regiões onde grupos com responsabilidade individual (seguindo o modelo Grameen II) assim se organizaram desde o início. Mais uma vez, os índices de pagamento se mantiveram como no modelo clássico.

De maneira bastante surpreendente, a responsabilidade solidária, apesar de sua preeminência em toda discussão sobre o microcrédito, não parece ser um elemento essencial. Contudo, não se deve confundi-la com o empréstimo em grupo, ainda presente no modelo Grameen II: o encontro regular de mulheres pode ter efeitos.

Empréstimo em grupo

Nessas reuniões, algumas instituições de microfinanças propõem às mulheres serviços extras: formação em contabilidade, programas de saúde etc. A associação Freedom from Hunger desenvolveu pequenos cursos que põem em prática em colaboração com instituições de microfinanças. As avaliações de que dispomos, porém, não parecem indicar que esses programas tenham um efeito expressivo sobre as pequenas empresas. No Peru, uma avaliação do curso de gestão da Freedom from Hunger não aponta nenhum efeito significativo sobre a lucratividade ou sobre as práticas da empresa. Outro estudo, sobre um módulo similar na Índia, também não constatou qualquer impacto.[19]

No entanto, para além desses cursos, o simples fato de se reunirem com regularidade pode ser bom para essas mulheres, que passam a estabelecer laços mais estreitos. O grupo, mesmo não sendo solidário do ponto de vista legal, acaba se conhecendo melhor e funcionando espontaneamente como um coletivo de apoio mútuo. Isso pode levar as clientes a auxiliarem as outras a pagar, mesmo sem a obrigação de fazê-lo, pois todas sabem que receberão o mesmo tipo de ajuda se precisarem. Se esses laços forem fortes o suficiente, a responsabilidade solidária formal deixa de ser necessária. Nas palavras do sociólogo americano Robert Putnam, esses encontros regulares ajudam a criar um "capital social", isto é, uma rede de interações que abre espaço para uma cooperação mutuamente benéfica.[20] Duas perguntas então se colocam: um capital social mais elevado de fato assegura um desempenho melhor? E: as reuniões regulares constituem mesmo um bom terreno para que o capital social se desenvolva?

Um estudo sobre a instituição de microfinanças Finca, em Ayacucho, no Peru, esboça uma resposta à primeira pergunta.[21] Ao contrário de outras instituições, a Finca Peru não exige que as clientes formem um grupo antes de se juntarem à instituição — é ela que compõe os grupos à medida que as mulheres se inscrevem, ou seja, essa composição é quase aleatória. Integrantes de um mesmo grupo podem morar longe e não combinarem na esfera cultural (algumas clientes são mais indígenas tradicionais, outras mais modernizadas, por exemplo). Constata-se, com isso, que os índices de fracasso (inadimplência, abandono etc.) são mais elevados quando as participantes moram longe umas das outras ou nos grupos com composição étnica mais variada. Se uma das devedoras sofre um contratempo e enfrenta dificuldades para pagar, ela terá menor probabilidade de deixar o grupo se ele for homogêneo. Isso mostra que a responsabilidade solidária formal e legal pode não ter um grande papel no sucesso do microcrédito, mas os laços informais entre as integrantes de um mesmo grupo são particularmente importantes. Como o microcrédito tira partido das relações sociais existentes, podemos achar que ele inclusive as reforça. O papel dos encontros semanais pode, assim, ser visto não apenas como uma ajuda ao pagamento regular, mas também como uma obrigação para que as integrantes do grupo se vejam e se conheçam melhor. O experimento realizado pela associação vws em Calcutá enfoca esse aspecto. Alguns grupos tinham reuniões semanais e outros, reuniões mensais. Vimos que isso não surte efeito imediato sobre os índices de pagamento, mas tem forte impacto sobre o capital social. Por exemplo, os membros dos grupos mensais raramente fazem visitas pessoais e nem sequer sabem os nomes dos familiares das colegas. Nos grupos semanais, as visitas são comuns e as clientes costumam conhecer a casa umas das outras.

Para medir a força do laço de solidariedade que existe entre as integrantes de um mesmo grupo, pesquisadores imaginaram um experimento inédito: deram um bilhete de loteria para cada uma, junto com outros que ela devia repassar para as demais participantes do grupo. Se os bilhetes não fossem distribuídos, não entravam no sorteio. Distribuindo-os, cada cliente aumentava então as chances de uma delas ganhar (em vez de alguém de outro grupo), mas diminuía suas próprias chances. Para quem tinha confiança nas colegas, sabendo que elas dividiriam o prêmio por todas, era vantajoso distribuir os bilhetes; quem confiasse menos no grupo, porém, os guardaria. Constatou-se que as mulheres das reuniões mensais distribuíram bem menos os bilhetes extras, o que confirma nossa hipótese inicial: reunindo as clientes semanalmente, as instituições de microfinanças criam um capital social.

O epílogo veio um ano depois. Como vimos, os índices de inadimplência não eram mais elevados nos grupos mensais quando comparados aos semanais, o que nos levou a concluir que o ritmo semanal não era indispensável à disciplina do pagamento. No ano seguinte, porém, por ocasião do segundo ciclo, constatou-se uma diferença: os grupos semanais apresentaram melhor índice de pagamento. A explicação mais plausível se deve ao capital social construído ao longo dos encontros. Sugeriu-se então a realização de reuniões semanais, mesmo que os pagamentos fossem mensais, já que nada tornava obrigatória a combinação dos dois. A vws tentou, mas as clientes se rebelaram, não querendo ter esse incômodo a troco de nada.

As microfinanças e os custos de transação

As instituições de microfinanças conseguiram emprestar aos pobres e ser reembolsadas, um sucesso numa área em que os bancos tradicionais fracassaram. Que parâmetros explicam tal sucesso? Se considerarmos o que vimos até aqui, podemos concluir que as características do sistema de microcrédito que mais sobressaíram (empréstimo às mulheres e empréstimo solidário) não são as que explicam o sucesso. Na verdade, parece que o microcrédito funciona a partir de princípios relativamente tradicionais. Para começar, quando legalmente possível, as instituições de microfinanças obrigam as clientes a poupar (construindo um capital passível de hipoteca, elas podem no futuro conseguir empréstimos maiores e reduzir a taxa de juros). Em seguida, as instituições de microfinanças geram incentivos dinâmicos que, como se viu, mostram-se bastante eficientes: os empréstimos iniciais têm um montante pequeno, podendo crescer de maneira progressiva se o pagamento for regular. Além disso, as instituições de microfinanças têm muitos empregados, que gozam de fortes incentivos para que os pagamentos sejam realizados (seus salários dependem disso). A simplificação do produto (parcelas semanais, pagamentos em grupo num lugar preestabelecido) permite que as instituições de microfinanças empreguem funcionários menos qualificados e os deixem responsáveis por um grande número de dossiês. Isso diminui os custos de transação e permite, graças ao efeito multiplicador, a cobrança de juros. Mesmo altos, ainda são bem menores que as tarifas usuais.

Esse quadro provoca certa preocupação quanto ao futuro das microfinanças, que podem ser vítimas do próprio sucesso. De fato, a concorrência entre as instituições vai reduzir o medo de se perder acesso ao crédito. Um cliente que ficou devendo a uma instituição pode pedir empréstimo a outra. A solução tradicional — a instauração de um sistema central de informação (ou um bureau de crédito) a que as instituições teriam acesso — talvez não seja tão boa ideia. Como as instituições despendem hoje em dia esforços significativos para selecionar e formar seus clientes, há o risco de que deixem de fazê-lo caso as informações adquiridas a tanto custo possam ser utilizadas pela concorrência. Além disso, o poder dos incentivos dinâmicos se desfaz quando o montante dos créditos para de crescer: os clientes podem um dia achar que não pagar o empréstimo atual é mais vantajoso do que contar com empréstimos futuros. É importante, então, não considerar as microfinanças imunes às crises, pois elas carregam em si os mesmos riscos de qualquer outro sistema financeiro. Será indispensável, para elas, avaliar suas regras e práticas, se quiserem sobreviver ao próprio crescimento.

O impacto do microcrédito

Chegamos à questão crucial: o microcrédito de fato ajuda os pobres? Abrimos este capítulo dizendo que a esperança em relação ao microcrédito é tão grande quanto sua expansão, muito além do que se pode esperar de um simples serviço financeiro. E as decepções são igualmente violentas. Curiosamente, para uma invenção que começou a se desenvolver há mais de trinta anos e afeta um público tão amplo, nenhum estudo avaliando de maneira rigorosa e objetiva seus efeitos estava disponível até bem pouco tempo (ao contrário da vasta pesquisa existente sobre o funcionamento das microfinanças, que acabamos de passar em revista).

Isso se explica sobretudo pelo fato de, por muito tempo, as instituições de microfinanças, incentivadas por seus patrocinadores, terem evitado se fazer essa pergunta. O raciocínio era: já que a instituição é rentável, só temos de prestar contas a nossos clientes. Se eles nos procuram, isso significa que consideram útil o serviço prestado. Ninguém pede a um vendedor de automóveis que avalie o seu impacto na vida do comprador! As instituições de microfinanças então se dedicavam mais a demonstrar sua rentabilidade financeira que o conteúdo e o alcance dos seus serviços. Tal raciocínio apresenta dois erros.

O primeiro é considerar que todas as instituições de microfinanças são rentáveis ou até mesmo muito rentáveis. Não é o caso; muitas IMFS dependem de algum tipo de auxílio. Na verdade, mesmo instituições que apresentam balanço positivo frequentemente recebem subvenções implícitas. O salário dos executivos fica bastante abaixo dos salários do mercado; as instituições muitas vezes precisam de ajuda inicial e também recebem fundos com taxas preferenciais por parte de instituições internacionais (como a agência do Banco Mundial para o microcrédito, a CGAP) ou de investidores de capital de risco (*venture capitalists*) interessados no cunho social da instituição.

Insistir demais na rentabilidade pode também ter efeitos perversos: as instituições de microfinanças não rentáveis são frequentemente as que emprestam aos mais pobres e precisam subvencionar suas taxas de juros em empréstimos de pouca monta. A rentabilidade financeira não tem por que ser um critério absoluto de utilidade social: se o microcrédito se revela um meio muito eficaz para ajudar os pobres, por que não subvencioná-lo? Afinal, subvencionamos escolas, hospitais, ajuda alimentar etc. Insistindo na rentabilidade como valor principal, a comunidade internacional tem responsabilidade nesse equívoco: as instituições de microfinanças gastaram mais energia para provar sua rentabilidade (às vezes mudando suas operações ou até seus livros-caixa para isso) do que para demonstrar sua utilidade social.

O segundo erro está no seguinte postulado: se os clientes decidem pedir um empréstimo é porque o crédito é bom para eles. Ora, a falta de informação, os limites intelectuais e a pressão social são parâmetros que podem, tanto nos países pobres quanto nos ricos, levar ao superendividamento. O impacto do microcrédito seria, nesse caso, negativo, ainda mais porque a pressão para pagar a qualquer preço pode levar alguns ao desespero. Quando objeções desse tipo foram levantadas contra as instituições de microfinanças, elas se viram sem argumentos. No governo de Andhra Pradesh, o estado da Índia em que as microfinanças mais se desenvolveram, aqueles que não viam essas instituições com bons olhos usaram o suicídio de fazendeiros superendividados para mostrar os perigos do microcrédito. Estariam de todo errados? Na verdade, é possível que o microcrédito seja sim nocivo para seus clientes. É preciso então encontrar uma verdadeira resposta empírica para essa questão.

Certamente graças à pressão da mídia, essa resistência contra a avaliação do microcrédito está diminuindo, ao mesmo tempo que cai em desuso certa ingenuidade com relação às suas supostas virtudes. Vários estudos sobre o impacto dos produtos típicos das microfinanças estão em curso (conduzidos pela Al Amana, no Marrocos, e pela Compartamos, no México), mas um único foi concluído até hoje, o da Spandana, na Índia.[22] Fundada por Padmaja Reddy em 1997, a Spandana é uma das maiores instituições de microfinanças indianas, ativa sobretudo no sul e, mais ainda, em Andhra Pradesh. Ela conta atualmente com 2 milhões de clientes e um volume de negócios de 297 milhões de dólares. Seu principal produto, objeto de avaliação aqui, é um microcrédito em grupo ao estilo Grameen, com responsabilidade solidária, empréstimos progressivos (o primeiro é de 10 mil rupias, ou seja, pouco mais de duzentos dólares) e pagamentos semanais. A taxa de juros real que prevalecia na época da avaliação era de 20%. Os empréstimos são dados exclusivamente a mulheres entre dezoito e 59 anos capazes de começar uma atividade.

No momento da avaliação, a Spandana se preparava para dar início a operações em Hyderabad, a capital regional. Uma equipe identificou 104 pequenas áreas como possíveis locais para avaliação e fez uma pesquisa inicial em cada uma, abordando cerca de vinte famílias (em média), o que estabeleceu um perfil "típico" da clientela potencial da Spandana na região. Esse cliente típico vive em famílias pobres, mas não muito: 6% das famílias se sustentam com menos de um dólar por dia por pessoa e 47% vivem com menos de dois dólares. Quase um terço dessas famílias explora um pequeno negócio comercial ou artesanal por conta própria, em geral muito pequeno (apenas 10% desses negócios têm um empregado ou mais; nenhum tem mais de três), muito pouco especializado e muito pouco capitalizado (20% dos negócios não contam com qualquer ativo; quando há um, é uma mesa, uma balança, uma cadeira...).

A Spandana abriu agências em metade das 104 áreas escolhidas de forma aleatória. Dois anos depois, uma equipe do Centro de Microfinanças de Chennai coletou dados sobre os moradores de todas essas regiões. De um ponto de vista metodológico, não podemos, é claro, comparar os clientes da instituição com os moradores das áreas de controle: não sabemos quem seria cliente da Spandana nessas regiões caso um posto avançado fosse aberto. Devemos, então, comparar uma amostragem aleatória (clientes e não clientes) nos dois tipos de áreas. Naquelas em que a Spandana abriu uma agência, 27% das famílias pediram empréstimos a uma instituição de microfinanças (19% para a própria instituição). Nos bairros de controle, algumas pessoas também pediram empréstimos à Spandana ou a outras instituições que tinham, naquele espaço de tempo, iniciado operações em todos os bairros. Dezenove por cento delas pediram um empréstimo (5% à Spandana).

Apesar das despesas da instituição com publicidade e marketing, os índices de entrada no mercado ficaram bem aquém das expectativas, calculadas em torno de 80% da clientela. Várias razões podem explicar esse desinteresse: para alguns, os microempréstimos são limitados demais; para outros, o pagamento semanal é muito pesado. E há quem simplesmente não precise de empréstimo. Os produtos das microfinanças nem sempre servem para todo mundo. Dois anos depois, a proporção daqueles que haviam aberto um empreendimento passou de 5,7% a 7%. O número de empresas aumentou então 1,3 ponto percentual, graças a 8,3 pontos de empréstimos suplementares. Assim, podemos dizer que cerca de um microcrédito para cada seis levou à criação de uma nova atividade. Nem todo microcrédito, como se vê, serve para abrir novas empresas. Alguns se direcionam para isso, mas outros buscam desenvolver um empreendimento que já existe. Os demais empréstimos, por fim, são utilizados para financiar um consumo maior ou pagar uma dívida anterior.

Seria de esperar, portanto, que os efeitos sobre o consumo dependam do tipo de família: as que investem em um empreendimento economizam, enquanto as que já são donas de um ou não iniciam uma nova atividade consomem mais. É de fato o que se observa. Em média, o consumo corrente não aumenta de maneira significativa nas regiões de tratamento, quando comparadas com as áreas de controle. Em contrapartida, ele diminui entre as famílias que começam uma nova atividade e aumenta entre as que não o fazem. Efeito nenhum se constata, por fim, sobre a educação, a saúde, o poder de decisão das mulheres ou qualquer outro indicador além do impacto estritamente econômico. Isso não quer dizer que tais efeitos não sejam notados mais tarde, mas demonstra que, pelo menos a curto prazo, o microcrédito não pode, por si só, substituir as intervenções nesses terrenos.

Não sendo nem uma forma de agiotagem moderna nem uma panaceia, o microcrédito apenas cumpre seu papel: oferecer a possibilidade a empreendedores potenciais, fora do mercado de crédito, de realizarem seus projetos. Como nem todo mundo é um empreendedor nato, o microcrédito não pode ser uma solução universal.

Para além do crédito

A disciplina forçada

Uma das vantagens da avaliação da Spandana é que ela nos permite vislumbrar um outro papel para as microfinanças além da função de agência de empréstimo. Quando um microempréstimo é aprovado, a compra de bens duráveis (para a família ou para o empreendimento) aumenta em média 19%, enquanto a de bens definidos pelos próprios clientes como "de tentação" (tabaco, chá, guloseimas etc.) diminui 11%. Tudo indica, então, que os empréstimos são utilizados para comprar televisores, geladeiras ou bicicletas, diminuindo-se o consumo de bens supérfluos, dada a obrigação do pagamento. Ou seja, o crédito permite que se dê início a uma dinâmica de poupança. É claro, o cliente usufrui de imediato a nova geladeira ou o novo televisor; mas outro interesse do microcrédito, talvez mais importante, é a obrigação de se reembolsar a instituição, o que obriga as pessoas a pouparem, a cada semana, o montante necessário para o pagamento. Caso tivessem que fazer isso por conta própria, as pressões domésticas ou as pequenas tentações do cotidiano poderiam impedi-las de poupar, fazendo com que jamais economizassem o suficiente para comprar o objeto sonhado. Assim, alguém que em princípio esperaria juntar o suficiente antes de comprar uma televisão pode preferir assumir um microcrédito (ao se dar conta de que, sem essa disciplina forçada, nunca poupará o bastante).

Visto dessa forma, o microcrédito se torna um tipo de poupança pelo qual se paga caro: a Spandana, em particular, propõe taxas de juros anuais de mais de 20%. Por exemplo, encontrei uma cliente que depositou todo o montante do empréstimo numa conta não remunerada, querendo obrigar-se a poupar para o enxoval da filha, que se casaria em dois anos. E essa não é a única estratégia onerosa de poupança a que os pobres recorrem. Na África Ocidental, coletores de poupança (ou *susus*) são pagos para esse serviço. Os consórcios agrupam mulheres que, a cada semana, guardam em conjunto uma pequena soma, e, por revezamento, cada uma usufrui da caixinha. Com estratégias desse tipo, essas mulheres protegem sua poupança do mundo externo, dos maridos e delas próprias. Em geral, os bancos não aceitam montantes muito baixos, dados os custos administrativos necessários para cada conta bancária. Além disso, em muitos países as instituições de microfinanças não têm permissão para captar poupança, dada a regulamentação restritiva que incide sobre as instituições às quais as pessoas confiam suas economias.

As famílias podem então ser limitadas tanto em suas capacidades de poupar quanto de se endividar. Um estudo realizado no Quênia indica que o acesso à poupança tem um impacto importante sobre a atividade econômica.[23] Os pesquisadores constituíram uma amostragem de indivíduos (homens e mulheres) que exerciam microatividades econômicas (vendedores de legumes, táxis-bicicleta etc.). Selecionaram aleatoriamente metade dessas pessoas, abrindo para elas uma conta poupança num banco comunitário. Custa sete dólares abrir esse tipo de conta, que não oferece rendimento nenhum e cobra tarifa a cada retirada (o que mais uma vez ilustra como é difícil para os pobres conseguir poupar num banco). Os pesquisadores pagaram os custos iniciais e deixaram os indivíduos selecionados (grupo de tratamento) livres para recorrer a essa conta ou não. Por três meses, essas mesmas pessoas deviam manter um diário da sua atividade profissional, apontando as compras feitas e os problemas enfrentados (doenças, acidentes, inatividade forçada etc.).

Os homens se serviram muito pouco das suas contas. Mais de 60% das mulheres, porém, realizaram pelo menos uma operação. Para elas, as contas poupança parecem bastante úteis: os investimentos cotidianos no capital de giro do empreendimento aumentam mais de 59%. As contas as ajudam a comprar para suas empresas bens não fracionáveis (por exemplo, um saco de carvão). As atividades das mulheres são também menos afetadas em caso de doença (uma crise de malária, por exemplo), por elas terem a possibilidade de comprar os remédios necessários.

Seria então suficiente, para incentivar a poupança dos mais pobres, facilitar o acesso a uma conta, como fazem os Self

Help Groups, esses grupos mutualistas de poupança em que algumas mulheres depositam seu dinheiro numa única conta conjunta? Ou a contas que forcem os clientes a poupar, como no caso do microcrédito? O experimento queniano não nos dá essa resposta, pois a tarifa sobre as retiradas funcionava como uma taxa sobre pequenas transações. Para os usuários, essas contas representavam mais um "cofre" para guardar suas economias: inibiam o saque antes de haver um acúmulo satisfatório. Isso pode explicar o impacto dessas contas sobre os seus usuários.

Seria então necessário forçar a poupar? Uma pessoa com autocontrole seria capaz de escolher racionalmente quando poupar e quando consumir, sem precisar de pressão externa. Mas existem os bens "de tentação": aqueles que usufruímos naquele instante, mas cujo consumo futuro não inspira qualquer desejo. Por exemplo, posso apreciar uma xícara de chá hoje, sem ter alegria alguma, por antecipação, em seu consumo daqui a dois meses. Os bens de tentação se opõem aos bens de aspiração, que são aqueles que nos dão prazer não só no momento, mas também quando pensamos em sua utilização futura.[24] Os bens de tentação dificultam muito a poupança, sobretudo quando são baratos e variados (chá, guloseimas, bebidas alcoólicas etc.). Já os bens de aspiração são mais caros (televisor, geladeira, escola particular para os filhos etc.). Quando uma pessoa dispõe de uma pequena soma e pode poupá-la ou gastá-la num bem de tentação, ela sabe perfeitamente que corre o risco de gastar amanhã sua poupança de hoje com um bem de tentação (pois, mesmo que poupasse também amanhã, a poupança continuaria insuficiente para a compra de uma televisão). Mesmo não havendo prazer na perspectiva de consumo futuro de um bem de tentação, seu usufruto hoje dá prazer. Afinal, a pessoa pode ser levada a pensar: mais vale ter hoje o que me dá vontade, mesmo que com isso eu nunca compre uma televisão. Trata-se de um efeito de desestímulo endógeno: quando sabem que jamais alcançarão a linha de chegada, as pessoas abandonam a corrida antes mesmo de começá-la. Alguém mais rico talvez poupe, pois terá maiores chances de atingir seu objetivo num futuro próximo. Eis outra forma do círculo vicioso da pobreza.

Mas se for oferecida aos mais pobres a possibilidade de depositar seu dinheiro em um lugar seguro, sem que possam ter acesso a ele enquanto não chegarem à soma necessária, é bem possível que comecem a economizar. Poupando hoje, eles se privam de uma xícara de chá ou de uma barra de chocolate, mas sabem que, se decidirem mesmo poupar, não vão poder usar amanhã esse dinheiro para comprar bens de tentação e ele permanecerá na poupança. Pouco a pouco, poderão acumular o suficiente para realizar o projeto que realmente ambicionam. Propor contas com restrições sobre os saques (um período mínimo antes de qualquer retirada, um montante a se alcançar ou um uso específico predefinido para poder sacar o dinheiro) pode de fato ajudar a poupar. De maneira mais geral, esse tipo de conta é também interessante para pessoas que sofrem de inconsistência temporal.

O Green Bank, uma instituição de microfinanças das Filipinas, ofereceu esse tipo de produto a 710 clientes, selecionados ao acaso entre 1777.[25] Os interessados escolhiam pessoalmente o prazo a ser respeitado ou o montante a se atingir antes de poderem efetuar qualquer saque. O banco seguia essa decisão, a despeito do que acontecesse e mesmo que o cliente mudasse de ideia. As contas não ofereciam qualquer outra vantagem. No total, 28% dos clientes aceitaram a proposta. Os previamente identificados como portadores de inconsistência temporal foram os que mais se inscreveram. Em média, no final de um ano, aqueles a quem se fez a proposta (tivessem ou não aceitado) aumentaram sua poupança 82 pontos percentuais a mais que os clientes do grupo de controle e 57 pontos percentuais a mais que um segundo grupo que recebera apenas uma visita de um funcionário do banco lembrando-lhes a importância da poupança. Esse experimento mostra que há de fato uma demanda por novos produtos e, ao mesmo tempo, que eles são eficazes: é possível se comprometer com o ato de poupar.

As virtudes do seguro

Nem o crédito nem a poupança são os instrumentos ideais para mutualizar os riscos. A poupança não protege contra acontecimentos graves, a não ser que se tenha aplicado uma parte muito significativa dos recursos. E os mais pobres estão sempre sujeitos a riscos consideráveis. As incertezas climáticas, a variação dos preços, as doenças, o prejuízo por um roubo são passíveis de afundá-los ainda mais na miséria. Além disso, a vontade de minimizar os riscos pode levar os mais necessitados a um comportamento excessivamente prudente (como evitar uma nova atividade ou deixar de experimentar novas sementes ao plantar etc.) para não se encontrarem aquém do limite da subsistência. Corre-se o perigo, então, de um novo círculo vicioso em que a pobreza desencoraja que se assumam os riscos necessários para escapar daquela rotina que mal permite a sobrevivência.

Existem redes de solidariedade entre moradores de vilarejos ou membros de uma mesma família, mas que não podem garantir uma segurança completa, sobretudo diante de ocorrências que afetam o vilarejo inteiro (por exemplo, uma seca), nem podem ser cobertas por uma rede de responsabilidade solidária no plano local. Além disso, a falta de formalização e de obrigação legal reduz a solidariedade que poderia se instaurar (os mais ricos do vilarejo tendem a quebrar a corrente). Tal situação deveria provocar uma demanda por sistemas de segurança que se apoiem num leque mais amplo e mais formal. No entanto, eles são menos frequentes nos países em desenvolvimento. Raros são os mais pobres que dispõem de qualquer forma oficial de seguro.

Há alguns anos, as instituições de microfinanças vêm se interessando por essa nova "fronteira": propõem seguros-saúde, seguros contra a seca ou ainda seguros para o gado. Tais instituições gozam de duas vantagens importantes: por um lado, dispõem de uma clientela ampla, o que lhes permite a mutualidade dos riscos e a redução dos custos administrativos; por outro, essa clientela não as procura pelo seguro em si, mas para conseguir um crédito. Isso minimiza o problema de seleção adversa, o calcanhar de aquiles do seguro: quem goza de boa saúde não tem a menor vontade de contribuir, mas os que sabem estar doentes assomam — donde a obrigação legal de se ter um seguro, pedra angular de todo sistema de saúde digno desse nome (como os Estados Unidos estão descobrindo). Se as instituições de microfinanças impusessem a seus clientes a contratação de um seguro, mantendo um produto de base (o crédito) interessante o suficiente para não afugentar os clientes com boa saúde, poderiam, sem perder dinheiro, desenvolver um seguro barato, permitindo cobrir os riscos mais graves.

Várias avaliações de impacto do seguro estão em curso, mas não temos ainda conclusões definitivas. A partir dos primeiros resultados nota-se que, contra todas as expectativas, o seguro não é popular. Em Gana, a proposta de adiamento de dívida sem ônus em caso de uma colheita ruim reduziu a demanda de crédito de uma instituição (em comparação com um grupo que não recebeu a mesma proposta).[26] Na Índia, desenvolveu-se um seguro contra a seca bastante simples: o cliente assinava uma apólice para determinado montante (com parcelas de um dólar) e o seguro reembolsava um valor prefixado se a pluviometria caísse abaixo de um certo limite. Não se exigia nenhuma verificação nem qualquer iniciativa administrativa. Dois grupos tentaram propor esse seguro a camponeses do Gujarat e de Andhra Pradesh.[27] Em ambos os estados, menos de 30% dos clientes aderiram. E os que contrataram o seguro o fizeram em montantes muito baixos (dois dólares, em média), bem inferiores ao que seria necessário para cobrir os prejuízos de uma má colheita (os montantes reembolsados em caso de seca são proporcionais aos valores contratados).

Por fim, ainda na Índia, a SKS, uma instituição de microfinanças, propôs a seus clientes um seguro-saúde, obrigatório para quem quisesse renovar o empréstimo, cuja apólice era paga junto com a parcela do crédito.[28] Isso deveria tornar o produto mais atraente, mas houve pouco sucesso. Esse seguro foi oferecido a um grupo de tratamento com cem vilarejos: 59% dos empréstimos foram renovados, contra 70% no grupo de controle. Longe de ser visto como uma vantagem extra, o seguro desencorajou um bom número de clientes. Um ano depois, a SKS desistiu da imposição para não perder a clientela, e o seguro acabou abandonado: o número de cotistas era pequeno e as despesas médicas, elevadas. A seguradora acabou concluindo que não era um bom negócio.

Os resultados das avaliações nos permitirão, em breve, compreender o porquê dessa fraca demanda. Faltam pesquisas nesse terreno, tanto sobre o impacto do seguro quanto sobre as determinantes da procura. O que contrasta com o entusiasmo das instituições de microfinanças e dos organismos internacionais com relação a essa prática, que, em geral, é apresentada como a nova panaceia.

Uma das explicações talvez se deva ao fato de nem sempre o conceito de seguro ser bem compreendido. Dispomos de um indício nesse sentido: um seguro é pouco utilizado e, no final do ano, os segurados pedem a restituição do dinheiro, já que não ficaram doentes. Diferentemente do crédito e da poupança, em que há um laço direto entre o empréstimo e o pagamento, o seguro é visto como um imposto por aqueles — a grande maioria — que não adoecem. A informação e a experiência talvez possam levar a uma melhor compreensão de como ele funciona, e, a partir daí, a uma maior aceitação. Outra possibilidade é que, mais uma vez, a inconsistência temporal desempenha seu papel, segundo o mesmo mecanismo que explica o baixo recurso à medicina preventiva. A apólice de seguro é paga hoje, mas as vantagens são percebidas apenas mais tarde, num futuro incerto, talvez nunca. Alguém muito aferrado ao presente pode então não querer um seguro, mesmo que venha a se arrepender amanhã.

Assim como em matéria de saúde preventiva, isso justifica uma intervenção pública. Na maioria dos países ricos, os seguros essenciais são obrigatórios para todos. Nos países pobres, onde o seguro inexiste em grande escala, os organismos internacionais confiam no mercado para introduzi-lo, se possível de maneira rentável. Mas se a fraca demanda é ligada à inconsistência temporal, as subvenções, as assistências (como a inscrição automática) ou o seguro obrigatório fornecido pelo Estado serão necessários para mudar esse estado de coisas.

O que é certo é que serão necessárias muitas pesquisas e tentativas para que as instituições de microfinanças possam oferecer a seus clientes produtos de seguro populares e bem adaptados. Ao contrário do que ocorreu com o crédito, deve-se estar preparado para a eventualidade de esses produtos jamais se tornarem financeiramente rentáveis, exigindo sempre (ao menos em parte) subvenções. Enquanto isso, querer que os pobres assumam toda a responsabilidade por si mesmos, como é o caso hoje, representa uma enorme injustiça.

Qual o futuro das microfinanças?

Muita esperança foi depositada nas microfinanças. Para os que a defendem, não se trata apenas de um sistema criativo que preenche uma lacuna do mercado, mas também, e principalmente, de uma revolução na ajuda aos necessitados. Graças ao crédito (e agora ao seguro) fixado a um preço que o torna viável financeiramente, podemos ajudar os pobres a se ajudarem — e isso sem gastar dinheiro. O sucesso planetário dessa filosofia facilitou a reprodução do modelo em várias outras áreas. As "empresas sociais", tais como o fundo americano Acumen Fund, propõem oferecer outros bens essenciais aos pobres (de água encanada a educação, passando pelos mosquiteiros) a preços mínimos que garantam a rentabilidade. Nessa visão de mundo, todos os problemas da pobreza se devem à falta de um mercado: basta esperar que ele seja aberto por um empreendedor astucioso o suficiente.

As críticas ao microcrédito estiveram à altura dessas expectativas. As empresas de microcrédito são (muito) facilmente apresentadas como uma nova forma de agiotagem para explorar os pobres, propondo empréstimos que eles não podem pagar. Nossa conclusão é mais nuançada: essa engenhosa inovação permitiu a um grande número de mulheres pobres enfim poder acessar o crédito. Algumas tinham já talento e ideias para começarem um negócio: um em cada seis empréstimos de microcrédito levou à criação de uma nova atividade. Para outras famílias, esses empréstimos ajudam a poupar ou a fazer frente às incertezas da vida, sem ser, para isso, preciso recorrer ao agiota local.

No entanto, é fácil confundir pequena empresa e espírito empresarial. Mesmo que os mais pobres sejam muitas vezes donos de sua atividade (um campo, um comércio, um pequeno negócio), a propriedade é muitas vezes mais um peso que qualquer outra coisa. A crença do microcrédito, que vê em cada pobre um empreendedor, não corresponde necessariamente à realidade. Os pobres, como os ricos, enfrentam obstáculos — entre os quais a inconsistência temporal e o desânimo gerado pela própria pobreza — que os impedem de poupar. As microfinanças são, então, uma bela inovação. É preciso continuar a apoiar e incentivar esse sistema para que ele desenvolva um conjunto de serviços financeiros adaptados aos mais pobres (poupança, crédito, seguro). No entanto, é igualmente indispensável lembrar que as microfinanças não podem, por si sós, substituir os meios tradicionais de luta contra a pobreza.

2. Governança e corrupção

O DEBATE SOBRE AS INSTITUIÇÕES é dominado por um discurso bastante generalizado. A Democracia (com letra maiúscula), a propriedade e a descentralização constituem grandes temas inesgotáveis, em geral abordados de maneira abstrata ou puramente descritiva. As discussões sobre o papel das instituições ou sobre o nível de desenvolvimento se alimentam de perspectivas históricas e comparativas em que país e continente formam a unidade de análise. Mas tudo isso se mantém um tanto vago, pois a forma exata como as instituições se materializam in loco pouco é abordada. O mesmo vale para a corrupção: sobre esse tema, são as variações da ex-colônias francesas na África e as contas bancárias de ditadores africanos que imediatamente nos vêm à cabeça.

Sem negar o interesse dessas abordagens gerais, propomos neste capítulo uma perspectiva bastante distinta, a das instituições tais quais são vistas pela maioria das pessoas. A corrupção que prejudica diretamente os mais pobres é um fenômeno mais difundido e amplo que os desvios espetaculares cometidos por autoridades. No dia a dia, ela tem vários aspectos: o policial que não registra sua queixa se não receber propina ou o prefeito que pede um "agrado" para emitir o vale-alimentação ao qual você tem direito. Adotaremos essa mesma abordagem "de baixo" para descrever as formas concretas que as instituições assumem: elas são regidas por uma série de regras que enquadram na vida cotidiana o processo de decisão coletiva. Esse enquadramento institucional tem uma influência decisiva nas escolhas políticas e na distribuição dos recursos dentro dos vilarejos, assim como na adesão e na satisfação dos cidadãos. Dessa forma, é nesses "detalhes" — a corrupção cotidiana e as regras constitutivas da boa governança — que nos deteremos aqui, para mostrar sua importância e como, também nisso, uma análise detalhada pode ajudar a resolver problemas tantas vezes considerados insolúveis por falta de conhecimentos claros sobre o assunto.[1]

Como lutar contra a corrupção?

O termo "corrupção" cobre diferentes realidades. Nós o definiremos aqui como sendo a situação em que uma autoridade (ou alguém eleito pelo povo) infringe um regulamento para obter uma vantagem pessoal.[2] Pode se tratar de suborno, nepotismo ou contratos concedidos por favoritismo. Contrariando o senso comum, consideramos também o absenteísmo constante como um ato de corrupção. O professor que falta ao trabalho para aproveitar um dia livre infringe a regra que exige que ele esteja presente: com isso, ele está desviando dinheiro público (sob a forma do seu salário) — uma soma, aliás, bastante significativa se comparada a outras modalidades de corrupção. Em contrapartida, não consideramos corrupção o roubo e outros atos perniciosos praticados na esfera privada.

Medir a corrupção

Medir a corrupção é difícil por natureza, já que ela é um ato ilegal. Nem os culpados nem as vítimas se dispõem a entrar em detalhes. Os relatórios preparados para empresas que buscavam se estabelecer em países em desenvolvimento foram por muito tempo uma das principais fontes a respeito da corrupção.[3] Esses documentos, emitidos por organismos como a Economist Intelligence Unit, são elaborados a partir de entrevistas com empresas locais, frequentemente grandes, não traduzindo o impacto da corrupção fora do mundo dos negócios. Excluídos desses estudos, os pobres são, no entanto, as primeiras vítimas do absenteísmo, da má qualidade das infraestruturas — ocasionada pelo roubo de material de construção ou pela sobrecarga de caminhões — ou do desvio de vales-alimentação. Na Índia, por exemplo, várias pesquisas mostram que ser pobre não é necessário nem suficiente para pedir um vale BPL (Below Poverty Line), que dá direito a alimentos em lojas conveniadas.[4]

Para melhor compreender a corrupção e, sobretudo, saber como combatê-la, uma primeira etapa indispensável consiste então em quantificar esse fenômeno. Comparadas aos depoimentos de informantes-chave, as pesquisas com famílias ou empresas têm a vantagem da representatividade. Elas podem, entretanto, ser falseadas pelo interesse em esconder a corrupção ou, pelo contrário, em exagerá-la... nos outros, é claro! Nos últimos anos, os pesquisadores demonstraram grande criatividade para superar os métodos tradicionais, em busca de dados mais confiáveis.

Um primeiro método consiste em fazer visitas-surpresa. Essas visitas, realizadas em dias úteis, permitiram perceber o grau do absenteísmo em escolas e centros de saúde.[5] Uma variante delas é enviar um "cliente misterioso", que tenta obter um bem ou um serviço. Num estudo sobre a reforma policial, a direção da polícia do Rajastão se prontificou a ajudar nesse exercício (voltaremos mais adiante a esse trabalho).[6] Pesquisadores locais se fizeram passar por vítimas, relativamente pobres, de pequenos delitos (roubo de telefone ou de bicicleta, assédio sexual etc.) e registraram queixa em 150 postos de polícia do estado, só revelando sua identidade no momento em que a queixa seria oficializada ou quando iam embora, caso o policial se recusasse a registrá-la. As reações individuais dos agentes não foram comunicadas à hierarquia, pois se tratava de medir uma situação e não de punir eventuais falhas. Nas primeiras visitas, em 60% dos casos o policial se negava a registrar a queixa, e isso apesar de todas as delegacias terem sido avisadas de que as visitas ocorreriam ao longo do ano: essa porcentagem corresponde então, possivelmente, a uma subestimação da situação real. Esse fraco índice de registros foi confirmado por uma pesquisa individual realizada em paralelo com uma amostragem da população dos mesmos distritos. Em mais de dois terços dos casos, as vítimas nem mesmo haviam tentado registrar a ocorrência. Para as que tentaram, quase um terço das queixas não foi registrado. A razão pela qual os policiais não registram as queixas é simples: as delegacias são avaliadas em função do número de casos não resolvidos, então o fato de não oficializar um delito significa um problema a menos a resolver.

Outro método é a observação participante, em que os usuários são acompanhados. Na província de Aceh, na Indonésia, os pesquisadores viajaram em caminhões como passageiros ou assistentes do motorista.[7] Com a anuência dos condutores, eles participaram de 304 viagens e foram testemunhas de 6 mil pagamentos ilegais (tendo um deles sido filmado e disponibilizado no site do autor do estudo).[8] As principais estradas de Aceh, que acaba de sair de uma guerra civil, comportam ainda muitos postos de controle em que militares e policiais costumam exigir algum tipo de pagamento. Em média, um motorista gasta cerca de quarenta dólares (mais ou menos 13% do custo total da viagem) em propinas, extorsões e "proteção". Esses dados únicos permitiram constatar ainda que o montante pedido nada tem a ver com a sobrecarga do caminhão. As transportadoras então carregam o caminhão ao máximo para amortecer esses custos, mesmo que os danos provocados nas estradas se agravem bastante com o peso excessivo. Isso ilustra um princípio mais geral: a corrupção não leva apenas à redistribuição de renda (nesse caso entre as transportadoras e os policiais ou militares); ela reduz também o bem-estar da sociedade em seu conjunto, causando, por exemplo, a deterioração das estradas.

Uma terceira técnica consiste em comparar duas fontes diferentes para identificar fundos desviados. Por exemplo, podem ser analisadas declarações de importações e exportações para se ter ideia da evasão de receitas alfandegárias. Para identificar roubos na administração, comparam-se as verbas destinadas às escolas e aos postos de saúde aos montantes que efetivamente chegam. É possível também confrontar as declarações das quantidades de materiais e de horas de trabalho utilizadas na construção de uma estrada com o que foi mesmo gasto.[9] De fato, o método de enriquecimento mais comum entre as equipes de construção de estradas consiste em declarar um número de horas de trabalho superior às realizadas (ou em declarar como horas pagas o serviço gratuito dos moradores locais), ou superfaturar custos de materiais, ou ainda roubar uma parte desses materiais. Também na Indonésia, uma equipe de engenheiros realizou perfurações em vários pontos de estradas recém-construídas para aferir a quantidade de material utilizado, seguidas de entrevistas junto à população: o objetivo era calcular as horas de trabalho (e seu pagamento). Esses dados foram então comparados às contas prestadas pela equipe encarregada do serviço. Resultado: em média, cerca de um quarto dos recursos gastos na construção das estradas tinha sido desviado: pouco menos de um quarto do material foi roubado (ou nunca entregue) e 27% do trabalho pretensamente pago na verdade era gratuito.

Compreender a corrupção

Esses métodos originais, mais precisos que aqueles de que dispúnhamos até o presente, nos ajudam a compreender melhor como a corrupção se organiza e, mais precisamente, como distingui-la do simples roubo. Afinal, no que a corrupção na vida pública se diferencia das infrações de direito comum?

Trata-se menos da atitude de quem viola o regulamento do que da natureza do regulamento transgredido. De fato, os Estados costumam intervir quando há uma falha de mercado, ou seja, quando os bens ou os serviços não se alocam como a sociedade deseja. São então circunstâncias em que, por diversas razões (eficiência social ou vontade de redistribuição), os interesses privados não coincidem com o interesse coletivo.

Por exemplo, é importante para a sociedade que a carteira de motorista só seja concedida a quem saiba dirigir e conheça as regras de trânsito. Mas pessoas que não sabem dirigir podem querer uma carteira, dispondo-se a aprender na prática por sua conta e risco (sobretudo para os outros). Da mesma forma, uma sociedade pode escolher reservar leitos de hospital apenas para os doentes e não para quem faz uma cirurgia estética, mesmo que seja um paciente que pague mais caro.

Ao transgredir a lei, o funcionário corrupto modifica a maneira como os bens são alocados, reintroduzindo a lógica de mercado que o Estado havia tentado suprimir. Com isso, ele faz mais do que abocanhar uma parte indevida do bolo social — ele reduz o seu tamanho. Vimos isso em relação às estradas. A concessão de carteiras de motorista em Nova Délhi é outro exemplo gritante. Para evidenciar o nível da corrupção, uma equipe de pesquisadores identificou 822 pessoas que desejavam obter a habilitação.[10] Elas foram divididas aleatoriamente em três grupos: o primeiro foi o grupo de controle, para o qual o processo se passou da maneira habitual; o segundo foi o grupo "bônus", cujos membros receberiam um prêmio significativo se conseguissem a carteira em 32 dias no máximo, ou seja, dois dias a mais que o prazo mínimo legal; aos participantes do terceiro grupo foram oferecidas aulas de direção gratuitas. Entre outubro de 2004 e abril de 2005, todas essas pessoas foram acompanhadas no processo para obter a carteira. No final, um teste surpresa de direção foi realizado com os recém-habilitados.

A observação do grupo de controle forneceu os primeiros dados interessantes: 48% dos participantes efetivamente conseguiram a carteira (essa proporção é de 69% entre os que fizeram um esforço real para isso); entre os que tiveram sucesso, 60% fracassaram no teste surpresa final. Constatou-se também que 39% de todo o grupo havia recorrido a um "despachante" para facilitar as coisas (que é quem parece ser o intermediário encarregado do repasse da propina). Para conseguir a habilitação dessa maneira, os candidatos desse grupo gastaram em média 338 rupias a mais que o preço oficial de 450 rupias, isto é, quase o dobro. Esses pagamentos são quase sempre feitos aos despachantes, e não diretamente aos funcionários.

Os despachantes se limitariam então a apenas "lubrificar as engrenagens" da administração das carteiras de motorista? Seriam, dessa forma, um antídoto salutar contra burocracias cegas e superpoderosas? "Clientes misteriosos" entraram em cena para compreender melhor a natureza da atividade dos despachantes: jovens se fazendo passar por clientes potenciais os procuraram pedindo ajuda para conseguir uma carteira em condições mais ou menos difíceis: por exemplo, sem saber dirigir (e sem intenção de aprender) ou sem as justificativas necessárias, como a idade exigida, ou precisando obter o documento em menos de trinta dias. Não saber dirigir não chega a ser um problema: nem mesmo torna a carteira mais cara. Por outro lado, os despachantes não conseguem driblar as regras formais (prazo, comprovação de idade, de endereço etc.). Desse modo, longe de melhorar a eficiência do sistema ao ajudar a contornar formalidades desnecessárias, os despachantes fazem com que apenas esse tipo de regra seja aplicado, o que esvazia a habilitação de toda substância: ela deixa, assim, de validar a capacidade de dirigir.

As diferenças entre os grupos ilustram de maneira ainda mais clara o fenômeno da corrupção. Os principais resultados são apresentados na figura 1. Os membros do grupo "bônus" têm mais chances de tirar a carteira (73% conseguiram, contra 48% do grupo de controle) e mais rápido (57% obtêm em 32 dias ou menos, contra 15% no grupo de controle). Esses resultados se devem à prova prática de direção: 47% conseguiram a carteira de motorista sem passar pelo exame (contra 34% no grupo de controle). Como se realizou tal façanha? Com um despachante (58% recorreram a um, contra 39% no grupo de controle) e pagando propinas maiores (517 rupias em média, em vez de 338 rupias no grupo de controle). O custo social é evidente: eles não tiveram tempo para aprender a dirigir. Mais de 70% dos que tiraram a habilitação não aprenderam a conduzir e não passaram no teste surpresa organizado no fim do estudo.

A observação final é mais tranquilizadora: os que frequentaram aulas gratuitas têm mais chance de conseguir a carteira do que os do grupo de controle, mesmo que seu resultado permaneça inferior ao do grupo "bônus" (63% tiraram a habilitação, contra 73% do grupo "bônus"). E dirigem melhor: 84% daqueles que conseguiram a licença e tiveram aulas passaram no teste surpresa. Mas não conseguem o documento mais rápido que o grupo de controle e precisaram pagar tão caro quanto para obtê-lo.

Saber dirigir aumenta a probabilidade de tirar a habilitação: o sistema atual permite que haja menos maus motoristas nas estradas do que se as carteiras fossem simplesmente vendidas. Mas a corrupção acarreta a má distribuição dos documentos, pois quem se dispõe a pagar mais caro tem maior chance de obter um, fazendo com que boa parte dos motoristas não esteja apta a dirigir.

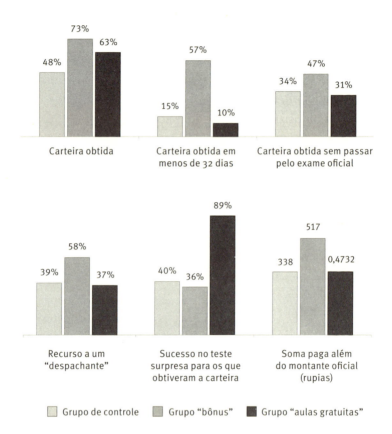

FIGURA 1: Carteira de motorista: atuação das diferenças

FONTE: Marianne Bertrand, Simeon Djankov, Rema Hanna e Sendhil Mullainathan, "Obtaining a Driver's License in India: An Experimental Approach to Studying Corruption", *Quarterly Journal of Economics*, v. 122, n. 4, pp. 1639-76, nov. 2007.

É interessante notar que provavelmente não haveria corrupção num sistema em que bastasse pagar para conseguir uma carteira de motorista. Seria então o caso de apenas eliminar o exame? Não, pois haveria um número ainda maior de pessoas incapacitadas ao volante (apesar da corrupção, saber dirigir ainda é uma vantagem para conseguir a habilitação). A corrupção nasce na lacuna que existe entre um objetivo social e a capacidade individual de pagar. É o que demonstra Abhijit Banerjee ao analisar tanto a decisão de um governo querendo alocar leitos de hospital aos que realmente precisam quanto a de um burocrata que procura maximizar seus ganhos.[11] O funcionário explora essa lacuna disponibilizando para o usuário a possibilidade de pagar em vez de ter que demonstrar sua competência (ou necessidade). Isso, é claro, se faz em detrimento da sociedade, que sofre com maus motoristas nas ruas, com estradas esburacadas, com doentes sem acesso a leitos de hospital etc.

Se os governos abandonassem toda esperança de melhorar a distribuição dos recursos raros na economia (isto é, fazer com que os leitos de hospital se destinem aos doentes e não aos mais ricos), provavelmente haveria menos corrupção, mas o bem-estar social seria ainda menor. A corrupção é inseparável da necessidade de intervir para corrigir um equilíbrio de mercado; é, por assim dizer, a sua face maléfica. É preciso então estar pronto para combatê-la o tempo todo, pelo menos enquanto os indivíduos não deixarem de ceder à pressão do interesse pessoal. É porque passa por cima de toda regra e aniquila o interesse comum que a corrupção é fundamentalmente nociva. O cientista político Samuel Huntington, para quem a corrupção é "um lubrificante nas engrenagens de uma burocracia paralisante", parece ingênuo ao escrever: "Em termos de crescimento econômico, pior do que uma sociedade com uma administração rígida, centralizada e desonesta é uma sociedade com uma administração rígida, centralizada e íntegra".[12]

Combater a corrupção

Agora que compreendemos melhor como funciona a corrupção e sabemos como medi-la, podemos nos debruçar sobre a questão mais importante do ponto de vista político: como combatê-la? Dispomos de três maneiras: o controle "do alto" (auditorias e controles administrativos), o controle "de baixo" (supervisão por parte dos usuários) e a combinação dos dois (controle administrativo e responsabilidade eleitoral).

A avaliação da polícia indiana no Rajastão ilustra o impacto dos controles administrativos.[13] Os "clientes misteriosos" que procuraram as delegacias para testar os policiais se identificavam no final da visita. Os agentes, assim, se davam conta de que estavam sob vigilância (mesmo que as visitas não gerassem qualquer punição). Essa consciência parece ter causado um impacto no comportamento dos policiais. À medida que se multiplicavam as visitas — sempre realizadas por outro pesquisador e com outra ocorrência, sendo impossível identificá-las como controle — o índice de registro das queixas aumentou, passando de 40%, por ocasião da primeira visita, para 70% à época da última. O simples fato de se conscientizarem de que estavam sendo monitorados levou os policiais a adotarem uma postura mais escrupulosa.

O Kecamatan Development Program (KDP), posto em prática na Indonésia, oferece um segundo exemplo ilustrativo dos efeitos do medo de uma inspeção.[14] Esse programa, financiado pelo Banco Mundial, permitia a cada vilarejo escolher um projeto de infraestrutura local (estrada, pequenos trabalhos de irrigação etc.); em seguida, o distrito (*kecamatan*) selecionava um projeto e alocava os fundos para o vilarejo, onde uma equipe local era encarregada de levá-lo adiante. Na maioria das vezes, os moradores escolheram a construção de estradas, o que, como vimos, abre a possibilidade de corrupção maciça (nessas mesmas estradas, o estudo de engenharia que citamos antes detectou o desvio de um quarto dos recursos). Tentando lutar contra a corrupção, o Banco Mundial, aconselhado por Benjamin Olken, na época doutorando em Harvard, testou o método das auditorias: os responsáveis pelo programa anunciavam em vilarejos escolhidos ao acaso que as contas do projeto seriam controladas pelo menos uma vez por ano. Essa intervenção acarretou uma redução de quase um terço nos desvios de fundos, tanto no plano dos materiais roubados quanto em relação ao não pagamento de salários.

Apesar da aparente eficiência dessas intervenções "administrativas", os governos e as instituições internacionais apostam, hoje em dia, sobretudo num controle "de baixo", feito diretamente pelos usuários. Em princípio, eles não só estão mais bem situados para se informar a respeito do que está acontecendo como acabar com a corrupção (ou ao menos diminuí-la) lhes traz uma vantagem imediata; portanto, pode-se acreditar que o controle local é mais eficaz, a médio prazo, que um controle externo (pois, afinal, quem vai controlar os controladores?). Por isso, as instituições internacionais costumam impor um controle local em todos os programas que financiam.

A vigilância sobre a polícia no Rajastão, ou sobre a construção de estradas na Indonésia, nos permite avaliar a eficácia do controle popular sobre funcionários corruptos. A polícia do Rajastão havia criado grupos de ligação comunitária (*community liaison groups*, ou CLG) que deveriam exercer um controle sobre as delegacias e facilitar o trabalho prático dos policiais, mas, segundo a própria hierarquia policial, os CLG logo foram manipulados pelos delegados, que passaram a poder selecionar seus membros (empresários próximos da polícia, quando não informantes). Com isso, os CLG não tinham capacidade para exercer qualquer controle independente.

Para resolver o problema, testou-se uma nova intervenção: em todos os postos de polícia, depois da realização de reuniões apresentando o programa de vigilância, uma lista de centenas de observadores foi elaborada. Cada um escolhia um dia, a cada três meses, para passar algumas horas no posto, observando o que os policiais faziam. Uma caixa de sugestões lhes permitia, se assim quisessem, registrar observações anônimas e não datadas. O programa foi amplamente anunciado nas localidades, tanto para recrutar observadores quanto para fazer com que os moradores fossem registrar suas queixas quando os observadores estivessem de plantão. A hipótese era de que, pelo menos nessas horas, o comportamento dos policiais não teria como não ser melhor.

Apesar dos avanços feitos no modelo dos CLG, o programa dos observadores não teve qualquer impacto sobre o registro das queixas, a satisfação das vítimas ou a relação entre o público e a polícia. Isso se deve, em parte, ao declínio do programa ao longo do tempo. Cada vez menos pessoas se ofereciam como voluntárias, e sua presença nos postos diminuiu. Meses depois, pesquisadores enviados de surpresa constataram que muitas vezes não havia nenhum observador nos horários previstos. Além disso, alguns postos de polícia começaram a falsificar os relatórios, sem que a população ou os governantes locais reclamassem que o programa estava indo por água abaixo.

O fracasso dessa iniciativa contrasta com os efeitos positivos não só das inspeções, mas também de um programa de formação posto em vigor igualmente no Rajastão, no âmbito da reforma da polícia. Os policiais puderam de fato se formar em novos métodos de investigação, assim como na mediação e na gestão do estresse. A solução dos casos e a satisfação da população aumentaram significativamente nas regiões em que os policiais passaram por essa formação. Assim, em princípio, é possível melhorar a eficiência da polícia; o programa de observadores comunitários é que se revelou ineficaz.

Uma avaliação organizada na Indonésia confirma as conclusões obtidas no Rajastão. Uma iniciativa de vigilância comunitária, dentro do projeto KDP, foi testado junto com as auditorias. O projeto já incentivava a participação popular: as equipes encarregadas da construção das estradas deviam realizar reuniões públicas periódicas, prestando contas do seu progresso e discutindo os gastos. Mas os indonésios não vão a uma reunião se não forem formalmente convidados: convocando apenas quem lhes interessava, as equipes controlavam os encontros. Para que a iniciativa funcionasse, trezentos ou quinhentos convites foram enviados a cada vilarejo de um grupo constituído de maneira aleatória.

A intervenção alcançou um primeiro objetivo: a participação nas reuniões passou de 48 a 74 pessoas em média, abrangendo mais moradores que não pertenciam à elite local. A corrupção, por outro lado, não retrocedeu mais do que com os observadores comunitários designados junto da polícia do Rajastão, e os desvios de fundos alocados para a construção das estradas quase não diminuíram. Mas a natureza da corrupção mudou: o não pagamento dos salários caiu à metade, enquanto o roubo de materiais aumentou. O que não é difícil de explicar: quando o orçamento era apresentado, os moradores podiam constatar que as horas passadas como voluntários no projeto constavam na coluna das despesas. Assim, era fácil protestar contra a fraude. No entanto, é bem mais difícil verificar se materiais foram roubados ou superfaturados. A vigilância teria que ser permanente, o que exige muito mais esforço e uma coordenação entre os moradores. Além disso, garantir o pagamento pelo próprio trabalho acarreta um ganho individual imediato, enquanto controlar o roubo de materiais para que a estrada seja bem construída diz respeito a um bem coletivo: é grande, nesse caso, a tentação de esperar que outros façam esse esforço. Conscientes dessa realidade, as equipes de construção refinaram sua maneira de desviar fundos, concentrando-se na corrupção mais difícil de ser detectada.

Esses dois exemplos nos levam a uma conclusão pessimista quanto ao papel que podem ter as partes interessadas em controlar a corrupção que as prejudica. Acreditar que a implicação da comunidade será, por si só, suficiente para reduzir a corrupção é pura ingenuidade. Os efeitos dependem no mínimo do contexto e da maneira como são organizados os programas. Mesmo que empregada de forma sutil, nada garante que a fórmula da "participação" seja uma solução realmente eficaz.

Isso não significa que o controle da comunidade não tenha seu valor. O que não se pode é contar sempre com os moradores para que, sozinhos, produzam a informação necessária à fiscalização. O ideal talvez fosse combinar auditorias externas e controle popular; por exemplo, fornecendo aos cidadãos os resultados das auditorias antes das eleições ou antes da renovação de uma equipe local. Na Indonésia, as auditorias eram ao mesmo tempo comunicadas à comunidade e à hierarquia. É interessante perguntar se teria sido suficiente comunicar esses resultados apenas aos moradores: se a informação estiver disponível, mesmo não sendo necessário pagar por ela, os cidadãos a utilizarão?

É o caso do Brasil, onde, todo mês, sessenta municípios são escolhidos ao acaso, por um sorteio televisionado, para que as suas contas sejam auditadas.[15] Os resultados dessas auditorias são entregues aos meios de comunicação, veiculados na internet e comentados na imprensa local.* Essas informações têm uma real influência nos resultados eleitorais: nos municípios em que as auditorias acontecem logo depois de uma eleição, não há relação entre o número de infrações constatadas e a probabilidade de reeleição do prefeito (que gira em torno de 42%). Porém, nos municípios em que as auditorias por acaso acontecem pouco antes das eleições, a probabilidade de reeleição é de 55% para uma equipe cuja fiscalização não revelou nenhum ato de corrupção (treze pontos a mais que para uma municipalidade não corrupta, mas da qual os eleitores não tiveram nenhuma comprovação disso) e de apenas 30% para municipalidades apontadas como corruptas (doze pontos a menos do que quando essas informações não estão disponíveis). Isso mostra o quanto os eleitores são capazes de punir os políticos corruptos e querem, de fato, fazê-lo.

---

* A autora se refere ao Programa de Fiscalização a partir de Sorteios Públicos iniciado em 2003 pela Controladoria Geral da União. Esse programa sorteava municípios a serem fiscalizadas quanto ao uso correto dos recursos públicos federais. Transformou-se em 2015 no atual Programa de Fiscalização em Entes Federativos. (N. R. T.)

O exemplo brasileiro ilustra o poder que os eleitores têm, nas suas regiões, sobre as administrações e os políticos. De maneira mais geral, a descentralização dos poderes, sobretudo com relação aos bens públicos locais, é vista — em muitos países em desenvolvimento (e pelas instituições internacionais) — como um meio para a redução da corrupção e do poder da administração. Ela também melhora a tomada de decisão política. Contudo, assim como o controle popular não faz a corrupção desaparecer como num passe de mágica, a participação local nas decisões não deixa de colocar dificuldades.

Melhorar a governança local

A Índia, com os Gram Panchayats (conselhos locais), e o Brasil, com os Conselhos do Orçamento Participativo, lançaram-se há duas ou três décadas em grandes programas de descentralização. A governança local é muitas vezes apresentada como uma solução milagrosa contra todos os problemas: corrupção, disparidade das necessidades da população e do que é efetivamente realizado, insuficiência dos serviços sociais (saúde e educação) etc.

Vantagens e inconvenientes da descentralização

Existem pressupostos convincentes a favor da descentralização. Para começar, ela permite que os cidadãos exerçam um controle direto sobre os políticos. Graças às eleições locais, o governante eleito, sujeito à sanção popular, substitui o funcionário da administração central. Por conquistar um mandato pela vontade do povo e estar sujeito à sua aprovação, ele teoricamente teria menos espaço para a corrupção. Além disso, a comunidade conhece melhor suas próprias necessidades do que o governo central. Um governo descentralizado pode então, por exemplo, evitar trabalhos dispendiosos, que fazem sentido apenas na imaginação de burocratas da capital. Acrescente-se, como vimos no caso do microcrédito, que o simples fato de se trabalhar junto pode criar solidariedade e ajudar as comunidades a se reconstituírem. Esse é um valor intrínseco à descentralização: ela favorece a coesão e contribui para a criação de um capital social. Assim, os programas participativos (muitas vezes chamados Community Driven Development Programs, programas de desenvolvimento dirigidos pelas comunidades, ou CDD) são comuns em regiões que passaram por conflitos violentos. Vemos programas assim na Indonésia (já citamos o KDP), mas também na Libéria, em Ruanda, em Serra Leoa e outros lugares.

O controle local, porém, tem seus próprios riscos. Os conselhos municipais podem ser tomados por antigas elites locais, que assim concentram novamente o poder. Mesmo que isso não aconteça, esses conselhos podem, ainda assim, instaurar uma tirania da maioria sobre grupos menores ou mais fracos (como as mulheres). Essas minorias, quando dispõem de uma elite instruída e estruturada, podem conseguir se organizar em nível nacional para garantir que seus direitos sejam respeitados. É, por exemplo, o caso dos antigos "intocáveis" da Índia (hoje denominados "castas repertoriadas"), que obtiveram vantagens como bolsas especiais ou cotas reservadas nas administrações, nas grandes empresas, nas universidades e nos parlamentos. Mas, em cada vilarejo, os membros das castas repertoriadas são poucos, e em geral mais fracos e menos instruídos que os demais. Uma descentralização completa poderia levar a uma clara deterioração da situação dessas minorias.

No tocante à participação e ao poder de decisão, como em outras coisas, o bom Deus está nos detalhes. Quem vai às reuniões? Quem toma a palavra? Quem é ouvido? As regras e os processos que governam a tomada de decisão, assim como a maneira como ela é posta em ação, parecem essenciais. E isso vale tanto para escolhas políticas e suas implicações sobre a distribuição dos bens públicos quanto em relação à confiança dos cidadãos nas instituições. Se as minorias acham que não são ouvidas durante o processo de decisão, que estão sob a tirania da maioria, um sistema de direção comunitária como o CDD pode, ao invés de melhorar as relações sociais, deteriorá-las gravemente.

A eficiência da participação popular

Nos países em desenvolvimento, a reunião pública é a estrutura de governança básica das administrações descentralizadas. É onde os orçamentos são apresentados e votados, os problemas são discutidos e os cidadãos podem exprimir suas preferências. Pouquíssimas pessoas, no entanto, comparecem a essas reuniões; os mais pobres e mais vulneráveis, ainda menos. Em Bengala Ocidental ou na Índia, onde os Panchayats existem há muito tempo e a condição das mulheres é considerada razoável, elas totalizam apenas 32% do quórum das reuniões em vilarejos (onde se contam em média de quarenta a

126 participantes).¹⁶ Na Indonésia, em circunstâncias normais, de trinta a cinquenta pessoas, essencialmente da elite local, comparecem às reuniões de acompanhamento de projetos — os vilarejos contam com algumas centenas de habitantes.¹⁷

Além disso, quando pobres ou mulheres estão presentes, raramente tomam a palavra (apenas oito pessoas se exprimem, em média, nas reuniões do KDP indonésio) e, quando o fazem, têm chances menores de ser ouvidos. Assim, em oito estados da Índia onde os debates de duzentas câmaras locais foram gravados e transcritos, menos de 3% dos registros vinham de mulheres. Em quase metade dos casos, elas não dizem uma palavra sequer a reunião inteira. E quando falam, os homens eleitos, em 40% das vezes, respondem de maneira agressiva ou grosseira (fazem o mesmo com os outros homens, mas com menos frequência: em 32% dos casos).

Para que a governança local se torne uma realidade, melhorar a participação dos mais fracos e vulneráveis é essencial. É indispensável conhecer os parâmetros que influenciam a sua participação. Vimos que, na Indonésia, o simples fato de convidar formalmente os cidadãos para as reuniões já faz diferença. Mas, para além da mera presença do público, como melhorar sua participação efetiva, sobretudo tomando a palavra?

Um primeiro parâmetro leva em conta a maneira como a reunião acontece. Será que as mulheres se exprimem mais quando uma delas está encarregada da direção? É difícil responder a essa pergunta: talvez seja justo quando elas se integram melhor na vida política que uma mulher pode ser eleita. Mas a política indiana de cotas para mulheres dá um exemplo interessante, na medida em que o gênero do líder da comunidade não é determinado pelas preferências políticas.¹⁸

A Constituição da Índia recebeu uma emenda, em 1993, para que fosse instaurado o sistema dos Gram Panchayats, ou conselhos locais, encarregados de administrar um vilarejo ou um grupo de vilarejos (ou seja, 10 mil a 12 mil pessoas, em média). Esses conselhos são eleitos para mandatos de cinco anos, por sufrágio universal. O Panchayat recebe fundos do Estado e os utiliza na construção e manutenção das infraestruturas locais (prédios escolares, redes de irrigação, transporte de água potável, estradas etc.). Ao mesmo tempo, a emenda prevê representação obrigatória das mulheres em todos os níveis: elas devem constituir um terço de cada Panchayat, e um terço desses conselhos deve ter uma mulher como chefe (ou Pradhan). A cada eleição, escolhe-se um Panchayat ao acaso, no qual apenas mulheres podem concorrer ao cargo de Pradhan.

Esse procedimento foi estabelecido para garantir que as mulheres não fossem eleitas apenas em localidades remotas, das quais homem nenhum quisesse se ocupar. Isso também facilita a avaliação, pois podemos comparar vilarejos "reservados" às mulheres com os demais, sobretudo no que concerne à participação delas nas reuniões. Nos vilarejos em que o Pradhan é uma mulher, elas tomam a palavra pelo menos uma vez em dois terços das reuniões, falam em média por um tempo maior e suas requisições são mais bem aceitas: as mulheres tratam suas iguais tão bem quanto tratam os homens e propõem respostas construtivas a seus comentários cerca de metade das vezes.[19] Ter um Pradhan mulher faz então com que se leve mais em conta as opiniões femininas.

Mas ir às reuniões (e até participar dos debates) nem sempre basta para influir nos resultados: no caso das estradas indonésias, ainda que a participação nas reuniões tenha se generalizado e democratizado com a distribuição de convites formais, isso não diminuiu a corrupção. Em complemento à reunião, em certos vilarejos, formulários permitindo que se fizessem comentários anônimos foram entregues junto com os convites.[20] Eles se mostraram mais eficazes para combater a corrupção, mas com uma condição: que fossem disponibilizados por meio das escolas, e não pelas elites locais. Quando os formulários são distribuídos pelas lideranças do vilarejo ou do bairro, acabam sendo dirigidos a aliados, o que torna o mecanismo ineficiente.

Esse exemplo mostra a que ponto os detalhes são importantes. No mundo inteiro, são muitos os debates sobre democracia popular e descentralização. Mas o detalhe das regras que regem essa participação é tão essencial para que esta última seja eficiente que os conceitos gerais podem se tornar apenas cascas vazias se não superarmos a teoria e nos debruçarmos sobre o funcionamento concreto de cada democracia participativa, dentro de seu contexto particular.

Regras e decisões políticas

O instrumento tradicional de tomada de decisão na democracia participativa dos países em desenvolvimento é a reunião. No entanto, não é necessariamente o ideal. Na Indonésia, a distribuição de formulários anônimos teve mais efeito que o aumento da participação nas reuniões. No Brasil, foi por meio do voto popular que as auditorias conseguiram eliminar gestões corruptas. Substituir as reuniões públicas por um voto anônimo, então, teria consequências sobre as decisões e a adesão popular ao processo?

Para responder a essa pergunta, o modo de decisão foi modificado em 28 vilarejos escolhidos ao acaso dentro do programa KDP da Indonésia.[21] Neles, o processo de decisão habitual consiste numa série de reuniões, culminando em uma reunião final na qual há o desempate entre dois projetos, um proposto pelas mulheres e outro por todos os moradores. Mudou-se então esse processo: a reunião final foi substituída por um voto (a favor do projeto proposto pelas mulheres ou do projeto geral). Esse voto permitiu que se levasse mais amplamente em conta as opiniões de cada um: a participação no pleito foi em média de 60%, ou seja, vinte vezes maior que a participação nas reuniões.

E isso não afetou a escolha do projeto: o tipo de iniciativa selecionado e sua localização permaneceram os mesmos tanto nos vilarejos que utilizaram o referendo quanto nos demais (exceto no tocante ao projeto das mulheres, que foi mais escolhido nas áreas pobres). Por outro lado, os moradores se sentem bem mais satisfeitos com o programa KDP quando podem votar — e também mais dispostos a contribuir financeiramente. É possível que a adequação do projeto à comunidade seja maior (mesmo que o número de estradas ou de equipamentos sanitários construídos não mude, é possível que as estradas sejam mais frequentemente construídas nos vilarejos em que os moradores quiseram de fato uma estrada e vice-versa). Tudo indica também que o simples ato de poder se exprimir de maneira transparente aumenta a legitimidade do processo, ainda que o resultado final não seja diferente.

Notemos que, mesmo no sistema de referendo, o princípio de um projeto específico para as mulheres foi mantido. O legislador considerou que o voto não bastava para garantir que as necessidades das mulheres estivessem sendo levadas em conta: sem algum tipo de disposição específica, os projetos apresentados por elas teriam grande chance de nem mesmo ser levados à votação. Num sistema descentralizado, os grupos desfavorecidos podem facilmente não ser ouvidos. Por isso, regras específicas precisam ser adotadas para garantir uma representação satisfatória de mulheres: a obrigatoriedade de se escolher entre dois projetos diferentes, como na Indonésia, ou a instituição de cotas, como na Índia. Em mais de cem países, entre os quais a França, um sistema de cotas existe para garantir que elas tenham uma boa representação. Alguns Estados puseram em uso um dispositivo similar para proteger as minorias. Na Índia, desde a independência, em 1947, a representação política das minorias ("castas repertoriadas" e "tribos repertoriadas") é garantida por um sistema de cotas nas assembleias legislativas de cada estado, no parlamento federal e nos Panchayats.[22]

Tais regras se justificam pela seguinte hipótese: a identidade de um responsável local (sexo, casta ou tribo) tem um impacto direto nas decisões tomadas pelos conselhos. Isso, porém, não se sustenta por si só: se a democracia fosse perfeita, com o dirigente devendo levar em consideração as necessidades do conjunto da população para se eleger, pertencer a esse ou aquele grupo não deveria ter impacto sobre os projetos a se realizarem. Inversamente, se o confisco do poder pela elite for tamanho que o responsável local, na prática, pode muito pouco, obrigar os eleitores a escolherem uma mulher ou um representante de minoria também não deveria ter qualquer consequência. Na Índia, uma objeção frequente contra a política de cotas a favor das mulheres diz que, no fundo, os maridos tomam as decisões por elas (os indianos inclusive criaram um termo para isso: Pradhanpati, isto é, marido da Pradhan). De forma que as regras restringindo as escolhas do líder fazem diferença apenas quando este não é todo-poderoso nem desprovido de qualquer poder.

Para saber se as cotas a favor das mulheres ou das minorias são de fato efetivas, um estudo foi preparado em dois distritos (no Rajastão e em Bengala Ocidental), com "exercícios participativos de avaliação dos recursos" (*participatory resources appraisal*, ou PRA). Eles consistem em reunir os moradores e pedir que desenhem no chão um mapa do vilarejo, com o que tiverem à mão (pedra, galho de árvore etc.), indicando nele os recursos disponíveis. Esses métodos são bastante utilizados na planificação participativa, pois viu-se que os moradores dos vilarejos têm uma excelente representação geográfica de onde vivem: os mapas, traçados coletivamente, permitem que se tenha uma ótima ideia das infraestruturas existentes nas localidades. Temos na figura 2, passado para o papel, um exemplo de mapa: veem-se a escola, o poço, os canais de irrigação, as áreas alagadas e as casas (representadas por sinais em forma de acento circunflexo). À medida que o mapa é elaborado, o pesquisador pergunta em que data cada equipamento foi construído, quando foi reformado etc. Essa técnica permite conhecer os investimentos realizados desde a eleição do Pradhan. Como as cotas são alocadas de maneira aleatória e pouquíssimas mulheres ou intocáveis se elegem sem esse recurso, basta comparar os investimentos dos diferentes vilarejos para ver como uma mulher (ou um intocável) influi nas decisões.

Comecemos pelos intocáveis: não há diferença entre o tipo de investimento realizado nos vilarejos reservados aos intocáveis (quer dizer, nos quais o Pradhan seja necessariamente um

FIGURA 2

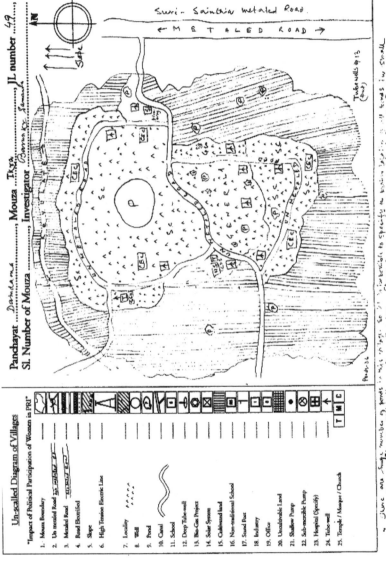

intocável) e os outros; em contrapartida, constata-se um efeito importante na localização dos projetos. Quando o Pradhan é um intocável, os investimentos feitos na área em que moram os intocáveis aumentam em 14%. Isso deixa claro que a identidade do Pradhan é importante e, visivelmente, ele tende a favorecer seu grupo de origem.

Ocorre o mesmo com relação às mulheres? As decisões refletem melhor as necessidades femininas quando uma delas está no poder? Para responder a essa pergunta, precisamos determinar o que a maioria das mulheres nos países em desenvolvimento quer. Questioná-las diretamente não nos garante a resposta certa: é possível que declarem o que se costuma esperar delas como boas mães de família (cuidar das crianças etc.), mesmo que isso não corresponda às suas preferências reais. Outra abordagem, que evita essa armadilha, é estudar as queixas registradas pelas mulheres nos conselhos. Em Bengala Ocidental, elas reclamam mais do que os homens do estado dos poços e da qualidade das estradas. Os homens criticam mais que as mulheres o funcionamento das bombas de irrigação e, o que é surpreendente, das escolas. No Rajastão, as mulheres se queixam quase exclusivamente de questões de água potável e, ao contrário de Bengala Ocidental, os homens se queixam muito mais das estradas que as mulheres.

Nossos prognósticos podem, assim, ser precisos: se os Pradhans do sexo feminino levarem mais em conta as necessidades das mulheres, investirão mais em água potável nos dois estados em que dirigem os negócios locais, mas se dedicarão menos à irrigação e às escolas em Bengala. Veríamos também mais estradas em Bengala Ocidental, nos vilarejos reservados às mulheres, e menos no Rajastão. De fato, é exatamente o que acontece, com apenas uma única exceção: os investimentos em irrigação são similares nos vilarejos reservados às mulheres e nos outros. Tais resultados não se limitam a esses dois estados: um estudo realizado em 24 regiões mostra que essas conclusões valem para o país inteiro.[23] As diferenças entre homens e mulheres perduram também ao longo do tempo. Um estudo realizado cinco anos depois, nas mesmas regiões de Bengala Ocidental, mostra que as mulheres recém-eleitas — em geral em outros vilarejos — continuam a investir mais em água potável, e os homens que substituem as mulheres nos vilarejos que voltam ao regime normal não modificam essa decisão: pelo contrário, os investimentos em água potável continuam superiores nessas áreas.[24]

As regras que impõem uma representação política dos grupos desfavorecidos conseguem, então, mudar o rumo das coisas a seu favor. A partir daí, é possível concluir que as cotas melhoram o bem-estar social? Não necessariamente: trata-se de uma redistribuição que parte de um grupo (a maioria) na direção de outro (a minoria). Pode-se considerar justo que as mulheres sejam ouvidas no processo político e que as suas prioridades sejam levadas em consideração, mas é impossível provar que o bem-estar social melhore com isso: como as mulheres gozam de cotas às custas dos homens, tudo depende da importância que se dá aos poços, às estradas ou às escolas. Trata-se então de uma escolha da sociedade. O pesquisador é livre para ter uma opinião sobre o assunto, mas ela não é cientificamente validada pela simples observação dos investimentos realizados pelos Pradhans dos dois sexos.

Já que não podemos provar que as mulheres dirigem melhor que os homens (ou vice-versa), seria legítimo e desejável para um Estado limitar a liberdade dos eleitores, forçando-os a votar neste ou naquele sexo? É evidente que os cidadãos não querem mulheres Pradhan, pois sem as cotas apenas 7% dos Pradhans são mulheres. Impor cotas significa então que se pode, em certos casos, limitar a democracia de maneira sensata.

Um primeiro argumento em favor das cotas remete à equidade e à justiça social. As mulheres Pradhan redistribuem os recursos a favor das mulheres e é justo que também elas tenham direito aos bens públicos que desejam. Mas é possível que se possa igualmente justificar essa limitação em termos de eficácia: impelir os eleitores a elegerem uma mulher Pradhan pode melhorar a governança, já que, dessa forma, a sociedade não se veria privada de metade dos seus candidatos potenciais. Tudo depende da razão pela qual os eleitores não elegem mulheres. Se for o caso de uma objeção cultural profunda contra elas, há poucas chances de que as cotas, por serem temporárias, tenham um efeito duradouro. Mas pode ser também um preconceito mais pontual, como o de que as mulheres seriam menos competentes em política: se os cidadãos se convencerem de que as mulheres são tão qualificadas quanto os homens, poderão enfim votar nelas sem nenhuma resistência. Forçando os eleitores à experiência, as cotas podem modificar a opinião sobre a capacidade pública das mulheres e, com isso, afetar comportamentos eleitorais futuros, mesmo que as normas sociais se mantenham, no fundo, imutáveis.

As cotas curam da misoginia?

Temos então duas hipóteses e uma questão em aberto. As cotas não têm influência sobre as normas sociais que acabam por manter as mulheres afastadas do poder. Por outro lado, elas podem afetar a percepção da competência feminina. O efeito das cotas sobre o desempenho eleitoral das mulheres se mantém impreciso: ele depende do peso desses dois fatores na decisão dos eleitores.

Para testar essas hipóteses, devemos medir as duas formas de discriminação. Corre-se o risco, é claro, de que as pessoas entrevistadas não exprimam suas opiniões reais e sim as que consideram politicamente corretas (nos Estados Unidos, por exemplo, não é bem visto se dizer abertamente racista). De modo inverso, pode ser que, questionados sobre as mulheres como dirigentes políticos, os cidadãos aproveitem a oportunidade para denunciar as cotas. O mecanismo funciona de forma clara: quando perguntamos o que pensam das mulheres na política dos vilarejos, os indianos exprimem maior hostilidade nos locais em que o regime de cotas está em vigor. Como saber se estamos diante de um fracasso real por parte das mulheres Pradhan ou apenas da expressão de uma negativa geral e abstrata?

Uma equipe reunida por Mazarin Banaji, psicólogo em Harvard, desenvolveu uma ferramenta original, um "teste de associação implícita".[25] Inicialmente concebidos para revelar preconceitos raciais, os exercícios podem ser adaptados para medir qualquer preferência mais ou menos declarada (e sobretudo declarável). Eles exploram o poder das "decisões instantâneas" que refletem atitudes inconscientes e a maneira como o cérebro associa certos conceitos. O teste é realizado em um computador: o sujeito vê surgirem palavras na tela e deve classificá-las em duas categorias, colocando-as à direita ou à esquerda da tela, pressionando uma tecla (por exemplo, uma categoria exprimindo o bem — as palavras serão "belo", "amor", "amizade", "flor" etc. — e uma outra o mal — "dor", "lágrimas", "morte" etc.). A pessoa avaliada vê em seguida surgirem imagens (por exemplo, rostos negros ou brancos) que devem também ser classificadas (brancos à direita, negros à esquerda, ou o contrário). Num terceiro momento, ela vê surgirem conceitos e rostos em alternância, devendo mais uma vez classificá-los (rostos negros à esquerda, rostos brancos à direita, conceitos de bem à esquerda, conceitos de mal à direita).

O exercício é simples, sem ambiguidade, e o sujeito deve executá-lo o mais rápido possível. A única dificuldade é passar de um tipo de classificação a outro (branco/negro, bem/mal etc.). A ideia do teste vem do fato de que, se o sujeito associa inconscientemente o bem ao branco e o mal ao negro, será mais fácil para ele operar a classificação quando o que combina (a seu ver) se encontra do mesmo lado. Ele poderá realizar a tarefa mais rápido se, por exemplo, branco e bom estiverem à esquerda, negro e mal à direita (e se ele for inconscientemente racista). Cada participante faz esse exercício duas vezes: uma vez num sentido (branco e bem do mesmo lado), outra no sentido inverso (branco e mal do mesmo lado). A ordem das duas tarefas é escolhida ao acaso, assim como a localização do lado branco à esquerda ou à direita. O tempo de reação é medido em milésimos de segundo: a fração de segundo a mais que a pessoa testada leva para classificar do mesmo lado o bem e o negro. São testes muito sensíveis. Os exercícios são difíceis de ser manipulados: alguém que conheça o seu princípio e não queira parecer racista acaba levando um tempo maior quando negro e bem estão do mesmo lado se, implicitamente, tiver algo contra os negros.

Adaptamos esse teste para detectar preconceitos contra as mulheres na política.[26] Isso exigiu que fosse desenvolvida uma versão que pudesse testar um indivíduo iletrado e pouco familiarizado com a informática: um teste totalmente oral e visual. As palavras representando o bem e o mal são gravadas e repetidas pelos alto-falantes do computador; imagens representam homens e mulheres na tribuna. As pessoas usavam um joystick para classificar os conceitos e as imagens à esquerda ou à direita da tela. Esse tipo de teste já havia sido aplicado em crianças, mas nunca numa população adulta e pouco alfabetizada. Para nossa grande surpresa, ele se revelou bastante efetivo nesse contexto, permitindo detectar um forte preconceito masculino contra as mulheres na política e simetricamente, ainda que menos acentuado, também um preconceito feminino em relação aos políticos homens. Conforme nossas expectativas, as cotas não tinham nenhum papel nessa forma de discriminação.

E com relação à percepção da competência? Também era preciso encontrar uma ferramenta capaz de detectar a opinião real sobre a capacidade das mulheres. Para isso, selecionamos um discurso pronunciado por um Pradhan numa assembleia e o gravamos, usando diversas vozes, tanto masculinas quanto femininas. Durante o teste, a gravação era escolhida ao acaso: metade dos participantes ouvia uma voz de mulher, metade ouvia uma voz de homem, mas sempre o mesmo discurso. Depois de escutar a gravação, o participante respondia a uma série de perguntas: o Pradhan atendeu as questões colocadas? Ele ou ela parece competente? Você aprovaria o orçamento que ele ou ela acaba de propor? E assim por diante. Se os participantes que ouviram o discurso gravado por uma mulher prestam menos atenção ao que é dito do que aqueles que ouviram a gravação na voz de um homem, o teste revela o que os economistas chamam de discriminação estatística: um julgamento diferenciado com base nas mesmas informações, exceto uma (em nosso exemplo, o sexo do Pradhan).

Nos vilarejos nunca reservados a um Pradhan de sexo feminino, constata-se um forte preconceito estatístico contra as mulheres: seus discursos são vistos como piores que os dos homens, sobretudo pelos homens. Mas essa diferença desaparece nos vilarejos que, graças à política de cotas, tiveram um Pradhan mulher. Para os homens, a situação inclusive se inverte: nesses vilarejos, eles veem com melhores olhos os discursos das mulheres.

Conclusão: depois de ter, graças às cotas, uma mulher como Pradhan, os homens não modificam suas preferências profundas e continuam a achar mais conveniente que os diri-

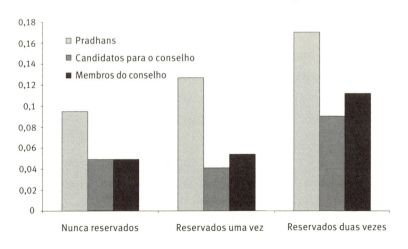

FIGURA 3: **Proporção de mulheres eleitas ou candidatas nos conselhos municipais**

gentes sejam homens, mas perdem os preconceitos quanto à incompetência das mulheres. No final, será que se sentem mais propensos a votar em mulheres depois que as cotas não são mais impostas? Parece que sim. A figura 3 mostra o número de eleitas em vilarejos "abertos" (não reservados às mulheres), seja como Pradhans, seja como conselheiras: os vilarejos que foram reservados duas vezes têm o dobro de mulheres eleitas. Esses resultados legitimam de maneira conclusiva o princípio das cotas, que faz com que uma população com preconceitos arraigados não desperdice a metade dos seus talentos políticos.

Competência ou ideologia?

Para além do caso particular das mulheres, o efeito das cotas sobre as opiniões e o voto revela uma maturidade de comportamento político: os eleitores são capazes de superar os preconceitos e até mesmo suas normas sociais para levar em consideração, no momento de votar, os ensinamentos da experiência. Devemos então abandonar a velha imagem, tão comum nos países em desenvolvimento, da política como uma farsa dominada por castas, grupos étnicos e nepotismo.

Isso não significa, é claro, que esses parâmetros não contem. Um experimento feito no Benin por Leonard Wantchekon mostra que o fator étnico de fato tem um papel essencial.[27] Wantchekon é beninense, antigo militante pró-democracia e hoje professor de Ciências Políticas na New York University. Ele mantém relações com políticos beninenses de todos os matizes, laços construídos na época em que esses líderes, hoje rivais, lutavam juntos contra a ditadura. Isso permitiu a realização de um experimento único. Oito distritos foram escolhidos, nos quais um dos quatro candidatos às eleições tinha uma vantagem ampla. Em cada distrito, dois vilarejos foram selecionados e uma mensagem política completamente diferente foi elaborada para cada um. Em ambos os casos, os discursos eram propagados em comícios a favor do candidato dominante no distrito, para não modificar o resultado das eleições.

Metade dos vilarejos ouviu a seguinte mensagem "clientelista":

> Somos os porta-vozes de Saka Lafia, que se apresenta nas eleições de 3 de março de 2001. Como sabem, Saka é o único candidato bariba e o primeiro desde 1960. Saka se apresenta contra o subdesenvolvimento da região nordeste: fracos índices de alfabetização, infraestruturas e centros de saúde paupérrimos etc. Se for eleito, ele representará os interesses da região de Borgou-Aligari, construindo escolas, hospitais e estradas, além de, principalmente, colocar baribas na administração.

A outra metade dos vilarejos recebeu uma mensagem de união nacional:

> Somos os porta-vozes de Saka Lafia. O USD, nosso partido, defende a democracia e a solidariedade nacional. Saka se apresenta como candidato da oposição. Se for eleito, dará início a uma reforma nacional do sistema de educação e de saúde públicas, dedicando-se à construção de escolas e de hospitais, assim como a campanhas de vacinação. Em acordo com outros líderes da oposição, lutaremos contra a corrupção e pela paz entre todos os grupos étnicos e todas as regiões do Benin.

O discurso clientelista pode parecer caricatural; no entanto, é o que garante os resultados. Nos vilarejos em que o discurso clientelista foi levado a público, mais de 80% dos votos foram para o seu candidato, enquanto naqueles em que se enfatizou a unidade nacional, apenas 70%.

Essa tendência à polarização com base em características étnicas pode levar ao enfraquecimento da qualidade dos candidatos: já que todo mundo é corrupto, melhor votar em alguém do seu próprio clã do que do clã oposto. Ele pelo menos distribuirá os ganhos entre os seus! Na Índia, a progressão dos partidos regionalistas ou de casta veio acompanhada de um aumento da corrupção e até mesmo da criminalidade na política: um número significativo de deputados tem ficha policial bastante extensa. A primeira-ministra de Uttar Pradesh, Mayawati, é a síntese dessa situação. Figura emblemática das castas inferiores, ela foi eleita líder do BSP (Bahujan Samaj Party), o partido dos intocáveis, contra os partidos "nacionais" (o Partido do Congresso, de centro-esquerda, e o Bharatiya Janata Party, de direita), com o slogan "Nosso voto, suas decisões: isso não pode continuar". Desde a sua eleição, ela rende manchetes no noticiário regional e nacional devido à corrupção e seu gosto desmedido por aviões e estátuas em homenagem a si mesma.

Trata-se de uma fatalidade? As preferências étnicas seriam tão fortes que deixam em segundo plano a competência e a probidade? Não parece ser o caso. Uma simples campanha para incentivar os eleitores de Uttar Pradesh a escolher candidatos "não pela casta, mas pelas verdadeiras questões" fez diminuir o voto de casta.[28] Quando os eleitores são informados sobre a qualidade dos candidatos, votam levando isso em consideração, como demonstrou um experimento em Nova Délhi.[29] A SNS, uma ONG local, usou a lei de acesso à informação para obter sólidas referências sobre o trabalho de cada político: quantos dias esteve presente na Assembleia? Gastou seus fundos de representação? Obteve verbas para realizar obras de infraestrutura em sua região? Em princípio, esses dados são públicos, mas na prática se mostram bastante inacessíveis ao cidadão comum. Munida dessas informações, a SNS preparou uma ficha para cada candidato, que o *Hindustan Times*, um grande jornal híndi, publicou. Uma rede de ONGs, então, distribuiu gratuitamente o jornal em algumas zonas eleitorais. O restante delas serviu como grupo de controle.

Os resultados das eleições demonstraram a eficácia dessa campanha: nos locais em que a informação circulou, o voto nos candidatos mais corruptos diminuiu. Além disso, a polarização dos votos de casta foi igualmente menor. Vê-se que os eleitores escolhem a competência e não as vantagens imediatas que podem esperar de um candidato corrupto ou vindo da sua casta (ou do mesmo grupo étnico). Mas foi preciso, para isso, que tivessem acesso à informação. Uma lei impondo respeito ao direito à informação e à existência de organizações como a SNS é uma ferramenta preciosa para a saúde da democracia. O voto étnico não é uma fatalidade.

Governança e luta contra a pobreza

Os mais pobres são as primeiras vítimas da má governança e da corrupção. Eles sofrem com a má qualidade dos serviços da sua região e não usufruem daquilo a que têm direito. A boa governança, em nível mais local, é essencial para a vida de qualquer política contra a pobreza: por melhor que seja o programa de alimentação infantil, ele de nada serve se as enfermeiras não estiverem lá para colocá-lo em prática ou se elas beneficiarem apenas os que não precisam realmente. O discurso internacional sobre a governança é dominado por grandes conceitos como democracia, transparência e descentralização, mas a democracia não é necessária nem suficiente para uma boa governança em plano local. O exemplo da Índia é o mais flagrante: a maior democracia do mundo é também um dos países que, em termos de recursos, têm mais dificuldade para assegurar aos pobres os serviços essenciais que a sociedade lhes promete.

Tem-se aí, inclusive, um verdadeiro paradoxo da democracia. Uma vez que os pobres estejam mais bem representados, é mais provável que uma sociedade democrática alcance os objetivos de equidade e justiça. Esses objetivos podem estar em desequilíbrio com o funcionamento do mercado, e, como vimos, é nessa lacuna que a corrupção encontra seu terreno mais fértil. Tal tensão é inevitável e não podemos nos contentar com a simples esperança de que a corrupção desapareça por si só ou que a democracia a sufoque. Mais uma vez, não há milagre, mas inúmeras pistas de como se pode impedir que a má governança e a corrupção esvaziem por completo os esforços de desenvolvimento.

Para começar, a corrupção pode ser controlada por regras rígidas, auditorias, incentivos e uma rigorosa disciplina eleitoral. Além disso, as regras de representação política influenciam os resultados a curto prazo (de maneira direta) e a médio prazo (mudando as percepções). A qualidade da governança local pode aumentar quando se presta atenção nos detalhes das regras que a controlam. Por fim, o voto étnico não é uma fatalidade nas democracias: do Brasil à Índia, tudo demonstra que os eleitores reprovam a incompetência e recompensam a eficácia.

Isso nos leva a rever o argumento com que abrimos esta conclusão, o de que a boa governança é primordial para lutar contra a pobreza. Na verdade, a luta contra a pobreza é igualmente essencial para a boa governança. Quando os pobres do Benin viram as costas ao discurso universalista que promete hospitais e escolas em cada vilarejo, preferindo outro que garante ao seu grupo étnico um cargo na administração, não é por serem corruptos ou preferirem a realidade de um emprego em vez da hipótese de um leito de hospital. É por não acreditarem mais nesse tipo de mensagem. Os discursos muito generalizados e cheios de promessas soam falsos. Em contrapartida, a prova de um sucesso verdadeiro influencia o voto. Experimentar sempre, para identificar intervenções simples e eficazes que surtam efeitos concretos na vida dos mais pobres: essa é a condição indispensável para alcançarmos uma sociedade justa e uma vida civil plena.

Conclusão

PODEMOS E DEVEMOS DEVOLVER aos pobres a luta contra a pobreza, como pregam os apóstolos mais ou menos bem-intencionados? As duas áreas que estudamos neste volume — o crédito e a governança — demonstram que essas novas palavras de ordem são ingênuas e potencialmente perigosas. O microcrédito tem efeitos reais, mas modestos, na criação de empreendimentos e de bem-estar. Por razões que não entendemos, os pobres não se dispõem ainda a contratar um seguro contra acidentes de saúde, imprevistos climáticos ou flutuações dos preços das safras, mesmo que lhes ofereçam um. E, ainda que os cidadãos se disponham a ir contra um governante manifestamente corrupto, eles não se organizam por conta própria para obter as informações que lhes permitam confrontá-lo.

Isso, claro, não quer dizer que os pobres sejam passivos, ou meros prisioneiros da pobreza. Pelo contrário, a vida os obriga a um número mil vezes maior de iniciativas do que a nós, que vivemos protegidos num casulo de existências fáceis. Muitas vezes proprietários de seu lote de terra ou pequeno empreendimento, eles devem tomar todas as decisões relativas à própria atividade. No Peru, 69% dos pobres em áreas urbanas têm um pequeno negócio. Em doze outros países a cujos dados tivemos acesso, a proporção gira em torno de 50%.[1] Em comparação, nos países da OCDE, a proporção de indivíduos trabalhando por conta própria é de apenas 12%. Os pobres devem igualmente enfrentar inúmeros riscos (em matéria de saúde, de clima ou de criminalidade), contra os quais estão muito mal protegidos. Diante disso, suas carteiras de ativos podem não comportar títulos e ações, mas costumam ser bem mais complicadas que as nossas, recheadas de conexões com transações informais em que eles frequentemente são devedores e credores.[2]

Contudo, esse alto nível de iniciativa muitas vezes não reflete o que eles escolheram para si. Tais riscos os obrigam a enfrentar níveis de estresse extremamente elevados: longe da imagem de uma vida idílica no campo, os pobres estão muito mais sujeitos à depressão do que os mais endinheirados (tanto nos países pobres quanto nos ricos).[3] Em vários lugares, pesquisadores perguntaram às pessoas que esperanças elas tinham com relação aos filhos. O desejo mais comum é que possam conseguir um emprego assalariado, de preferência num órgão público — e a escola e a instrução são percebidas como sendo a chave para essa conquista. De fato, quando comparamos a vida dos mais necessitados (que vivem com menos de dois dólares por dia por pessoa) à das classes médias dos países pobres (entre dois e dez dólares por dia por pessoa), vemos que a diferença vem do fato de estas últimas contarem com um emprego estável, enquanto os mais pobres dependem da própria atividade ou de pagamentos por diária. As classes médias também gastam uma parte maior do seu orçamento em saúde e na educação dos filhos, provavelmente porque a relativa segurança da sua condição autoriza o luxo de um investimento no futuro.

Paradoxalmente, quanto mais uma sociedade enriquece, mais seus membros ficam por sua própria conta nos momentos decisivos da vida cotidiana. Num país de salários médios, como o México, uma hospitalização de emergência pode ser gratuita ou financiada pela coletividade. Para um pobre da Índia, a escolha costuma ficar entre não realizar a cirurgia ou se endividar muito para pagar a conta do hospital. Da mesma forma, quando alguém consegue um trabalho assalariado, faz parte do contrato, mesmo nos países mais pobres, um seguro-saúde, uma contribuição para a aposentadoria etc. Os pobres, então, enfrentam uma dupla desvantagem: de um lado, a complexidade e a precariedade de sua existência lhes deixam pouco tempo e energia para pensar com tranquilidade na vida cotidiana. De outro, como reza a cartilha dominante hoje, pede-se a eles que tomem cada vez mais decisões. No contexto que acabamos de descrever, a ideia de que deveríamos deixar a cargo dos pobres ainda mais responsabilidades, para que possam eles mesmos resolver o problema da pobreza, parece absurda.

Isso não significa que as microfinanças não tenham seu lugar na luta contra a pobreza. Pelo contrário, o acesso ao crédito indiscutivelmente facilita a vida daqueles que já têm um negócio ou desejam começar um. E é preciso uma reflexão profunda sobre a maneira de propor serviços de seguro e de poupança adaptados aos mais pobres. Mas é ilusão achar que dessas microempresas poderá nascer a Microsoft de amanhã. O acesso dos mais pobres aos serviços financeiros não pode substituir uma política de desenvolvimento que permita o surgimento de empresas com mais alcance.

As microfinanças tampouco podem substituir políticas públicas que garantam o acesso à educação e disponibilizem infraestruturas e serviços de saúde de qualidade. Não podemos nos limitar a esperar que os pobres enriqueçam o bastante para pagar por todos esses serviços. A questão que se coloca é saber como um Estado pode garantir a qualidade dos seus serviços. No primeiro volume deste estudo, investigamos a eficiência de diferentes intervenções em matéria de saúde e educação. No entanto, mesmo que soubéssemos exatamente o que fazer, a corrupção e a má governança tornam inúteis todos esses esforços. Também nisso os pobres podem e devem ter influência quanto à melhor maneira de organizar esses serviços.

A conclusão é que não basta dar poder às comunidades para eliminar a corrupção de uma vez por todas. A corrupção tende a aparecer quando uma sociedade tenta corrigir o mercado, repartindo os recursos de forma diferente; o controle local não é uma solução milagrosa. Fornecer bens públicos de qualidade, pelos quais os pobres se disponham a lutar, pode constituir uma primeira etapa. Mas se quisermos que a luta contra a pobreza de fato perdure, tentativas, criatividade e paciência são indispensáveis, não para encontrar uma varinha de condão que não existe, mas para pôr em prática uma série de pequenos avanços que, pouco a pouco, hão de melhorar a vida dos mais pobres.

Agradecimentos

Este livro surgiu a partir de quatro aulas dadas no Collège de France em janeiro de 2009, na cadeira anual Saberes contra a Pobreza, financiada com o apoio da Agência Francesa de Desenvolvimento. Agradeço a meus colegas e, muito em especial, a Pierre Corvol, Philippe Kourilsky e Pierre Rosanvallon, que me deram a honra de conduzir a primeira edição dessa cadeira. Hélène Giacobino teve um papel essencial na redação dos originais. Vincent Pons acrescentou as notas e as tabelas. Colas Duflo e Ivan Jablonka leram na íntegra o texto, que foi consideravelmente melhorado com suas sugestões. Os dois volumes aqui reunidos são a ponta visível do iceberg do trabalho coletivo de uma rede de colegas, assistentes, parceiros. Toda minha gratidão a meus mais inseparáveis parceiros: Annie Duflo, Pascaline Dupas, Rachel Glennerster, Michael Kremer, Rohini Pande, Kudzai Takavarasha e, principalmente, Abhijit Banerjee, cuja reflexão sempre inspira a minha. Violaine Duflo me deu a paixão por servir, Michel Duflo, a paixão pelo conhecimento. Este livro é a eles dedicado.

Notas

VOLUME I **O desenvolvimento humano**

Introdução [pp. 11-8]

1. Amartya Sen define capabilidade como "as diversas combinações de funcionamento (estados e ações) que a pessoa pode cumprir. A capabilidade é então um conjunto de vetores de funcionamento que indicam se um indivíduo pode levar essa ou aquela vida". Ver Amartya Sen, *Commodities and Capabilities*, Oxford University Press, 1999; e *Development as Freedom*, Anchor, 2000.
2. Os *Human Development Reports* estão disponíveis no site do United Nations Development Programme (UNDP): <hdr.undp.org/en>.
3. Quarta conferência sobre os direitos da mulher, Pequim, set. 1995.
4. A lista dos "objetivos do milênio para o desenvolvimento" está disponível no site das Nações Unidas: <www.un.org/french/millenniumgoals>.
5. O *Rapport 2009 sur les objectifs du millénaire* está disponível em: <www.un.org/french/millenniumgoals/2009report.shtml>.
6. Pesquisa ASER (*Annual Status of Education Report*, relatório anual sobre o status da educação), Índia, 2008. O relatório está disponível em: <www.asercentre.ord/asersurvey.php>.
7. *World Development Report* 2004, "Making Services Work for Poor People". O relatório está disponível no site do Banco Mundial: <www.worldbank. org>.
8. Ver: William Easterly, *Le Fardeau de l'homme blanc: L'échec des politiques occidentales d'aide aux pays pauvres*, Éditions Marcus Haller, 2009; e Dambisa Moyo, *Dead Aid: Why Aid Is Not Working and How There Is a Better Way for Africa*, Farrar, Straus and Giroux, 2009. O fato de Dambisa Moyo ser originária da Zâmbia provavelmente contribuiu para o sucesso do seu ataque contra a ajuda internacional.
9. Amartya Sen, *Poverty and Famines: An Essay on Entitlement and Deprivation*, Oxford University Press, 1983.

10. Ver: Robert Lucas, *Lectures on Economics Growth*, Harvard University Press, 2002.
11. Pode-se ter ideia disso calculando a variância dos resultados obtidos, e então a probabilidade de que um resultado específico se deva apenas ao acaso.
12. Ver : Esther Duflo, *Expérience, sciences et lutte contre la pauvreté*, Fayard. E também as aulas inaugurais do Collège de France, 2009, bem como dois artigos que descrevem mais detalhadamente esse método, suas aplicações práticas e debates suscitados: Esther Duflo e Abhijit Banerjee, "L'Approche expérimentale en économie du développement", *Revue d'Économie Politique*, set./out. 2009; e "Using Randomization in Development Economics Research: A Toolkit Approach", in Esther Duflo et al. (Orgs.), *Handbook of Development Economics*, Elsevier Science Ltd., 2007. v. 4, p. 3895.

1. O ensino: matricular ou instruir? [pp. 19-63]

1. *Education for All Global Monitoring Report*, Annex (Statistical Tables), United Nations Educational, Scientific and Cultural Organization, 2009.
2. Gauri Kartini Shastry e Leigh Linden, "Identifying Agent Discretion: Exaggerating Student Attendance in Response to a Conditional School Nutrition Program", documento de trabalho, abr. 2008.
3. Esther Duflo, Pascaline Dupas e Michael Kremer, "Education and Fertility: Experimental Evidence from Kenya", documento de trabalho, jun. 2009.
4. T. Paul Schultz, "School Subsidies for the Poor: Evaluating the Mexican Progresa Poverty Program", *Journal of Development Economics*, v. 74, n. 1, pp. 199-250, jun. 2004.
5. Michael Kremer, Edward Miguel e Rebecca Thornton, "Incentives to Learn", documento de trabalho, jan. 2008.
6. Joshua Angrist, Victor Lavy, "The Effect of High Stakes High School Achievement Awards: Evidence from a Group-Randomized Trial", *American Economic Review*, no prelo.
7. Jim Berry, "Child Control in Education Decisions: An Evaluation of Targeted Incentives to Learn in India", documento de trabalho, jan. 2009.

8. Michael Kremer e Edward Miguel, "Worms: Identifying Impacts on Education and Health in the Presence of Treatment Externalities", *Econometrica*, v. 72, n. 1, pp. 159-217, jan. 2004.
9. Ibid.
10. Ibid.
11. Abhijit Banerjee, Shawn Cole, Esther Duflo e Leigh Linden, "Remedying Education: Evidence from Two Randomized Experiments in India", *Quarterly Journal of Economics*, v. 122, n. 3, pp. 1235-64, ago. 2007.
12. Ibid.
13. Esther Duflo, Rema Hanna e Stephen Ryan, "Monitoring Works: Getting Teachers to Come to School", documento de trabalho, nov. 2007.
14. Abhijit Banerjee, Rukmini Banerji, Esther Duflo, Rachel Glennerster e Stuti Khemani, "Pitfalls of Participatory Programs: Evidence from a Randomized Evaluation in Education in India", documento de trabalho, set. 2008.
15. Esther Duflo, Pascaline Dupas e Michael Kremer, "Peer Effects and the Impact of Tracking: Evidence from a Randomized Evaluation in Kenya", documento de trabalho, nov. 2008.
16. Tran Nguyen, "Information, Role Models and Perceived Returns to Education: Experimental Evidence from Madagascar", documento de trabalho, jan. 2008.
17. Pratham, *Annual Survey of Education Report 2008*, jan. 2009. O relatório está disponível em: <www.asercentre.org/asersurvey.php>.
18. Andrew Forter e Mark Rosenzweig, "Technical Change and Human-Capital Returns and Investments: Evidence from the Green Revolution", *American Economics Review*, v. 86, n. 4, pp. 931-53, set. 1996.
19. Robert Jensen, "The Perceived Returns to Education and the Demand for Schooling", documento de trabalho, 2007.
20. Tran Nguyen, "Information, Role Models and Perceived Returns to Education: Experimental Evidence from Madagascar", op. cit.
21. Esses trabalhos foram passados em revista por Rumona Dickson, Shally Awasthi, Paula Williamson, Colin Demellweek e Paul Garner, "Effect of Treatment for Intestinal Helminth Infection on Growth and Cognitive Performance in Children: Systematic Review of Randomized Trails", *British Medical Journal*, 320, pp. 1697-701, jun. 2000. Os autores concluem que os estudos realizados não provam de

maneira convincente que as campanhas de erradicação dos vermes têm um impacto sobre a educação.

22. Michael Kremer e Edward Miguel, "Worms: Identifying Impacts on Education and Health in the Presence of Treatment Externalities", *Econometrica*, v. 72, n. 1, pp. 159-217, jan. 2004.
23. Gustavo Bobonis, Edward Miguel e Charu Puri Sharma, "Iron Deficiency Anemia and School Participation", *Journal of Human Resources*, v. 42, n. 4, pp. 692-721, outono 2006.
24. Ver, respectivamente: Hoyt Bleakley, "Disease and Development: Evidence from Hookworm Eradication in the American South", *Quarterly Journal of Economics*, v. 122, n. 1, pp. 73-117, fev. 2007; Adrienne Lucas, "Malaria Eradication and Educational Attainment: Evidence from Paraguay and Sri Lanka", *American Economic Journal: Applied Economics*, no prelo; Hoyt Beakley, "Malaria Eradication in the Americas: A Retrospective Analysis of Childhood Exposure", documento de trabalho, ago. 2007.
25. Os relatórios da pesquisa Aser estão disponíveis em: <www.asercentre.org/asersurvey.php>.
26. Abhijit Banerjee, Rukmini Banerji, Esther Duflo, Rachel Glennerster e Stuti Khemani, "Pitfalls of Participatory Programs: Evidence from a Randomized Evaluation in Education in India", op. cit.
27. Paul Glewwe, Michael Kremer e Sylvie Moulin, "Many Children Left Behind? Textbooks and Test Scores in Kenya", *American Economic Journal: Applied Economics*, v. 1, n. 1, pp. 112-35, jan. 2009.
28. Paul Glewwe, Michael Kremer, Sylvie Moulin e Eric Zitzewitz, "Retrospective vs. Prospective Analyses of School Inputs: The Case of Flip Charts in Kenya", *Journal of Development Economics*, v. 74, n. 1, pp. 251-68, jun. 2004.
29. Abhijit Banerjee, Michael Kremer, Jean Lanjouw e Peter Lanjouw, "Teacher-Student Ratios and School Performance in Udaipur, India: A Prospective Evaluation", documento de trabalho, 2002; Abhijit Banerjee, Shawn Cole, Esther Duflo e Leigh Linden, "Remedying Education: Evidence from two Randomized Experiments in India", *Quarterly Journal of Economics*, v. 122, n. 3, pp. 1235-64, ago. 2007; Esther Duflo, Pascaline Dupas e Michael Kremer, "Peer Effects and the Impact of Tracking: Evidence from a Randomized Evaluation in Kenya", op. cit.

30. Nazmul Chaudhury, Jeffrey Hammer, Michael Kremer, Karthik Muralidharan e F. Halsey Rogers, "Missing in Action: Teatcher and Health Worker Absence in Developing Countries", *Journal of Economics Perspectives*, v. 20, n. 1, pp. 91-116, inverno 2006.
31. Anuradha De, Jean Dreze, Claire Noronha, Claire Pushpendra e Anita Rampal, *Public Report on Basic Education in India*, Oxford University Press, jun. 1999, p. 168.
32. Esther Duflo, Pascaline Dupas e Michael Kremer, "Additional Resources versus Organizational Changes in Education: Experimental Evidence from Kenya", documento de trabalho, maio 2009.
33. A Pratham publica também o relatório anual sobre o nível de instrução nas escolas indianas (ver supra).
34. Abhijit Banerjee, Shawn Cole, Esther Duflo e Leigh Linden, "Remedying Education: Evidence from two Randomized Experiments in India", op. cit., pp. 1235-64.
35. Mais precisamente, calcula-se para cada criança uma medida padrão subtraindo da sua nota a média do grupo de controle e dividindo o resultado pelo desvio padrão da distribuição no grupo de controle.
36. Abhijit Banerjee, Rukmini Banerji, Esther Duflo, Rachel Glennerster e Stuti Khemani, "Pitfalls of Participatory Programs: Evidence from a Randomized Evaluation in Education in India", op. cit.
37. Esther Duflo, Pascaline Dupas e Michael Kremer, "Peer Effects and the Impact of Tracking: Evidence from a Randomized Evaluation in Kenya", op. cit.; Esther Duflo, Pascaline Dupas e Michael Kremer, "Additional Resources versus Organizational Changes in Education: Experimental Evidence from Kenya", op. cit.
38. Karthik Muralidharan e Venkatesh Sundararaman, "Contract Teachers: Experimental Evidence from India", documento de trabalho, set. 2008.
39. Brian Jacob, "The Impact of School Choice on Student Ourcomes: An Analysis of the Chicago Public Schools", *Journal of Public Economics*, v. 89, n. 5/6, pp. 761-96, jun. 2005.
40. Brian Jacob e Steven Levitt, "Rotten Apples: An Investigation of the Prevalence and Predictors of Teacher Cheating", *Quarterly Journal of Economics*, v. 118, n. 3, pp. 843-77, ago. 2003.
41. Paul Glewwe, Nauman Ilias e Michael Kremer, "Teacher Incentives", documento de trabalho, jun. 2008.

42. Karthik Muralidharan e Venkatesh Sundararaman, "Teacher Performance Pay: Experimental Evidence from India", documento de trabalho, jul. 2008.
43. Esther Duflo e Rema Hanna, "Monitoring Works: Getting Teachers to Come to School", documento de trabalho, dez. 2005.
44. Voltaremos a este assunto no segundo volume deste livro.
45. Abhijit Banerjee, Rukmini Banerji, Esther Duflo, Rachel Glennerster e Stuti Khemani, "Pitfalls ou Participatory Programs: Evidence from a Randomized Evaluation in Education in India", op. cit.
46. Tahir Andrabi, Jishnu Das e Asim Ijaz Khwaja, "Report Cards: The Impact of Providing School and Child Test-Scores on Educational Markets", documento de trabalho, fev. 2009.
47. Esther Duflo, Pascaline Dupas e Michael Kremer, "Peer Effects and the Impact of Tracking: Evidence from a Randomized Evaluation in Kenya", op. cit.
48. Tran Nguyen, "Information, Role Models and Perceived Returns to Education: Experimental Evidence from Madagascar", op. cit.
49. Joshua Angrist, Eric Bettinger, Erik Bloom, Elizabeth King e Michael Kremer, "Vouchers for Private Schooling in Colombia: Evidence from a Randomized Natural Experiment", *American Economic Review*, v. 92, n. 5, pp. 1535-58, dez. 2002.
50. *Pakistan Social and Living Standards Measurements Survey*, 2004-5.

2. A saúde: comportamentos e sistemas [pp. 64-97]

1. Abhijit Banerjee, Angus Deaton e Esther Duflo, "Health Care Delivery in Rural Rajasthan", *Economic and Political Weekly*, v. 39, n. 9, pp. 944-9, fev. 2004; Abhijit Banerjee, Angus Deaton e Esther Duflo, "Wealth, Health, and Health Services in Rural Rajasthan", *American Economic Review*, v. 94, n. 2, pp. 326-30, maio 2004.
2. O limiar de 19 é utilizado nos Estados Unidos para indicar fraqueza nutricional.
3. Todo fluxo máximo médio que se situe abaixo desse nível indica dificuldades respiratórias.
4. Angus Deaton e Jean Drèze, "Nutrition in India: Facts and Interpretations", documento de trabalho, abr. 2008.

5. Ver, respectivamente: Nazmul Chaudhury e Jeffrey S. Hammer, "Ghost Doctors: Absenteeism in Bangladeshi Health Facilities", *World Bank Policy Research Working Paper*, n. 3065, maio 2003; Nazmul Chaudhury, Jeffrey Hammer, Michael Kremer, Karthik Muralidharan e F. Halsey Rogers, "Missing in Action: Teacher and Health Worker Absence in Developing Countries", *Journal of Economics Perspectives*, v. 20, n. 1, pp. 91-116, inverno 2006.
6. Mark Nichter, "Vaccinations in the Third World: A Consideration of Community Demand", *Social Science and Medicine*, v. 41, n. 5, pp. 617-32, set. 1995.
7. Abhijit Banerjee, Esther Duflo e Rachel Glennerster, "Putting a Band-Aid on a Corpse: Incentives for Nurses in the Indian Public Health Care System", *Journal of the European Economic Association*, v. 6, n. 2/3, pp. 487-500, abr./maio 2008.
8. Esther Duflo, Rema Hanna e Stephen Ryan, "Monitoring Works: Getting Teachers to Come to School", *CEPR Working Paper*, n. 6682, fev. 2008.
9. Martina Björkman e Jakob Svensson, "Power to the People: Evidence from a Randomized Field Experiment on Community-Based Monitoring in Uganda", *Quarterly Journal of Economics*, v. 124, n. 2, pp. 735-69, maio 2009.
10. Abhijit Banerjee, Esther Duflo, Rachel Glennerster e Dhruva Kothari, "Improving Immunization Coverage in Rural India: A Clustered Randomized Controlled Evaluation of Immunization Campaigns with and without Incentives", documento de trabalho, jul. 2008.
11. Ver, respectivamente: Jessica Cohen e Pascaline Dupas, "Free Distribution or Cost-Sharing? Evidence from a Randomized Malaria Prevention Experiment", *Quarterly Journal of Economics*, mar. 2009; Michael Kremer e Edward Miguel, "The Illusion of Sustainability", *Quarterly Journal of Economics*, v. 112, n. 3, pp. 1007-65, ago. 2007; Nava Ashraf, James N. Berry e Jesse M. Shapiro, "Can Higher Prices Stimulate Product Use? Evidence from a Field Experiment in Zambia", *NBER Working Paper*, n. 13247, jul. 2007.
12. Rebecca L. Thornton, "The Demand for, and Impact of, Learning HIV Status", *American Economic Review*, v. 98, n. 5, pp. 1829-63, dez. 2008.

13. Ver, por exemplo: Gary Becker, *The Economic Approach to Human Behavior*, University of Chicago Press, 1978.
14. Samuel M. McClure, David Laibson, George Loewenstein e Jonathan D. Cohen, "Separate Neural Systems Value Immediate and Delayed Monetary Rewards", *Science*, n. 306, pp. 503-7, out. 2004.
15. Ted O'Donoghue e Matthew Rabin, "Optimal Sin Taxes", *Journal of Public Economics*, v. 90, n. 10/11, pp. 1825-49, nov. 2006.
16. Richard H. Thaler e Cass R. Sunstein, *Nudge: Improving Decisions About Health, Wealth, and Happiness*, Penguin, 2009.
17. Edward Miguel e Michael Kremer, "Worms: Identifying Impacts on Education and Health in the Presence of Treatment Externalities", *Econometrica*, v. 72, n. 1, pp. 159-217, jan. 2004.
18. Xavier Giné, Dean Karlan e Jonathan Zinman, "Put Your Money Where Your Butt Is. A Commitment Contract for Smoking Cessation", *Policy Research Working Paper*, n. 4985, jul. 2009.
19. A diferença de proporção entre os que, tendo aceitado se inscrever no programa, pararam de fumar e os outros não é um efeito do programa: os que aceitaram se inscrever provavelmente já tinham a intenção de parar e certamente o fariam, de qualquer forma, em número maior. É importante sempre comparar os resultados dos grupos constituídos aleatoriamente (no presente caso, aqueles a quem se propôs o programa e os demais, que não receberam a proposta).
20. "Abstinência, fidelidade, preservativo... ou morte".
21. Esther Duflo, Pascaline Dupas, Michael Kremer e Samuel Sinei, "Education and HIV/aids Prevention: Evidence from a Randomized Evaluation in Western Kenya", documento de trabalho, jun. 2006.
22. Pascaline Dupas, "Do Teenagers Respond to HIV Risk Information? Evidence from a Field Experiment in Kenya", *NBER Working Paper*, n. 14707, maio 2009.
23. Ou seja, em idades aproximativas de doze a quinze anos.
24. Esther Duflo, Pascaline Dupas e Michael Kremer, "Education and Fertility: Experimental Evidence from Kenya", documento de trabalho, jun. 2009.
25. William Easterly, *Le Fardeau de l'homme blanc: L'Échec des politiques occidentales d'aide aux pays pauvres*, Éditions Marcus Haller, 2009.
26. Pascaline Dupas, "Short-Run Subsidies and Long-Run Adoption of New Health Products: Evidence from a Field Experiment", documento de trabalho, maio 2009.

27. Jesssica Cohen e Pascaline Dupas, "Free Distribution or Cost-Sharing? Evidence from a Randomized Malaria Prevention Experiment", *Quarterly Journal of Economics*, no prelo; Vivian Hoffmann, "Psychology, Gender, and the Intrahousehold Allocation of Free and Purchased Mosquito Nets", documento de trabalho, mar. 2008; Alison Comfort, trabalho em curso em Madagascar.

VOLUME II A política da autonomia

Introdução [pp. 105-10]

1. Essas ideias foram desenvolvidas em Abhijit Banerjee e Esther Duflo, "Mandated Empowerment: Handing Anti-Poverty Policy Back to the Poor?", *Reducing the Impact of Poverty on Health and Human Development* 2008, Annals of New York Academic Sciences, v. 1136, pp. 333-41.
2. World Bank Development Report 2004, "Making Services Work for Poor People".
3. Hernando de Soto, *The Mystery of Capital: Why Capitalism Triumphs in the West and Fails Everywhere Else*, Basic Books, 2000.
4. Esse método foi apresentado mais detalhadamente no primeiro volume deste livro, "O desenvolvimento humano", e em *Expérience, sciences et lutte contre la pauvreté*, Fayard, Aulas inaugurais do Collège de France, 2009.

1. As microfinanças em questão [pp. 111-56]

1. Robin Burgess e Rohini Pande, "Can Rural Banks Reduce Poverty? Evidence from the Indian Social Banking Experiment", *American Economic Review*, v. 95, n. 3, pp. 780-95, jun. 2005.
2. Shawn Cole, "Fixing Market Failures or Fixing Elections? Elections, Banks and Agricultural Lending in India", *American Economic Journals: Applied Economics*, no prelo.
3. Trata-se de um sistema no qual um grupo de mulheres alimenta, toda semana ou todo mês, uma caixa comum, da qual uma delas usufrui a cada encontro.

4. Carlos Danel e Carlos Labarche, "A Letter to our Peers", disponível no site do banco Compartamos, especializado em microcrédito: <www.compartamos.com>.
5. Irfan Aleem, "Imperfect Information, Screening, and the Costs of Informal Lending: A Study of a Rural Credit Market in Pakistan", *The World Bank Economic Review*, v. 4, n. 3, pp. 329-49, set. 1990.
6. Joseph Stiglitz e Andrew Weiss, "Credit Rationing in Markets with Imperfect Information", *American Economic Review*, v. 71, n. 3, pp. 393-410, jun. 1981; Dwight Jaffee e Joseph Stiglitz, "Credit Rationing", in B. Friedman e F. Hahn (Orgs.), *Handbook of Monetary Economics*, Amsterdam, Elsevier Science Publishers, 1990, pp. 837--88; Joseph Stiglitz, "Markets, Market Failures and Development", *American Economic Review*, v. 79, n. 2, pp. 197-203, maio 1989.
7. Sendhil Mullainathan e Dean Karlan, trabalho em curso.
8. Abhijit Banerjee, Esther Duflo, Rachel Glennerster e Cynthia Kinnan, "The Miracle of Microfinance? Evidence from a Randomized Evaluation", documento de trabalho, maio 2009.
9. Suresh De Mel, David McKenzie e Christopher Woodruff, "Returns to Capital in Microenterprises: Evidence from a Field Experiment", *Quarterly Journal of Economics*, v. 123, n. 4, pp. 1329-72, nov. 2008.
10. Dean Karlan e Jonathan Zinman, "Credit Elasticities in Less Developed Countries: Implications for Microfinance", *American Economic Review*, v. 98, n. 3, pp. 1040-68, 2008.
11. Dean Karlan e Jonathan Zinman, "Observing Unobservables: Identifying Information Asymmetries with a Consumer Credit Field Experiment", *Econometrica*, dez. 2009.
12. Beatriz Armendariz de Aghion e Jonathan Morduch, *The Economics of Microfinance*, MIT Press, 2007.
13. As dezesseis resoluções estão disponíveis no site do banco Grameen, em "Methodology": <www.grameen-info.org>.
14. Suresh de Mel, David McKenzie e Christopher Woodruff, "Are Women More Credit Constrained? Experimental Evidence on Gender and Microenterprise Returns", documento de trabalho, out. 2008.
15. Ver, respectivamente: Markus Goldstein e Christopher Udry, "The Profits of Power: Land Rights and Agricultural Investment in Ghana", *Journal of Political Economy*, v. 116, n. 6, pp. 981-1022, dez. 2008; Christopher Udry, "Gender, Agricultural Production, and the

Theory of the Household", *Journal of Political Economy*, v. 104, n. 5, pp. 1010-46, out. 1996.
16. Erica Field e Rohini Pande, "Repayment Frequency and Default in Microfinance: Evidence from India", *Journal of the European Economic Association*, v. 6, n. 2/3, pp. 501-9, abr./maio 2008.
17. Maitreesh Ghatak, "Group Lending, Local Information and Peer Selection", *Journal of Development Economics*, v. 60, n. 1, pp. 27-50, out. 1999.
18. Xavier Giné e Dean Karlan, "Group versus Individual Liability: Long Term Evidence from Philippine Microcredit Lending Groups", documento de trabalho, maio 2009.
19. Ver, respectivamente: Dean Karlan e Martin Valdivia, "Teaching Entrepreneurship: Impact of Business Training on Microfinance Clients and Institutions", documento de trabalho, maio 2009; Erica Field e Rohini Pande, trabalho em curso.
20. Robert Putnam, *Bowling Alone: The Collapse and Revival of American Community*, Simon & Schuster, 2001.
21. Dean Karlan, "Social Connections and Group Banking", *The Economic Journal*, n. 117, pp. F52-84, fev. 2007.
22. Abhijit Banerjee, Esther Duflo, Rachel Glennerster e Cynthia Kinnan, "The Miracle of Microfinance? Evidence from a Randomized Evaluation", op. cit.
23. Pascaline Dupas e Jonathan Robinson, "Savings Contraints and Microenterprise Development: Evidence from a Field Experiment in Kenya", documento de trabalho, mar. 2009.
24. Essa análise se deve a Abhijit Banerjee e Sendhil Mullainathan, "The Shape of Temptation: Implications for the Economic Lives of the Poor", documento de trabalho, set. 2008.
25. Nava Ashraf, Dean Karlan e Wesley Yin, "Tying Odysseus to the Mast: Evidence from a Commitment Savings Product in the Philippines", *Quarterly Journal of Economics*, v. 121, n. 2, pp. 635-72, maio 2006.
26. Dean Karlan, trabalho em andamento.
27. Shawn Cole, Xavier Giné, Jeremy Tobacman, Petia Topalova, Robert Townsend e James Vickery, "Barriers to Household Risk Management: Evidence from India", documento de trabalho, abr. 2009.

28. Esther Duflo e Abhijit Banerjee, "An Impact Evaluation of the Provision of Health Insurance Through Microfinance Networks in Rural India", *CMF Progress Brief*, dez. 2007.

2. Governança e corrupção [pp. 157-96]

1. Minha iniciativa deve muito a um artigo de Rohini Pande e Christopher Udry, do qual tirei a noção de visão "de baixo" (ver Rohini Pande e Christopher Udry, "Institutions and Development: A View from Below", in R. Blundell, W. Newey e T. Persson (Orgs.), *Proceedings of the 9th World Congress of the Econometric Society*, Cambridge University Press, 2007.
2. Tomo essa definição e parte do enquadramento conceitual deste capítulo de um artigo de Abhijit Banerjee, Rema Hanna e Sendhil Mullainathan, "Corruption", manuscrito, MIT.
3. Não se trata, é claro, da única fonte sobre corrupção. A organização Transparency International prepara todo ano um relatório que é muito consultado, cobrindo a corrupção no mundo, disponível no site: <www.transparency.org/about_us/annual>. Os relatórios da Economist Intelligence Unit são pagos e estão disponíveis em: <countryanalysis.eiu.com/>.
4. Abhijit Banerjee, Raghabendra Chattopadhyay, Esther Duflo e Jeremy Shapiro, "Targeting Efficiency: How Can We Best Identify the Poorest of the Poor", documento de trabalho, maio 2009.
5. Nazmul Chaudhury, Jeffrey Hammer, Michael Kremer, Kartik Muralidharan e Halsey Rogers, "Missing in Action. Teachers and Health Worker Absence in Developing Countries", *Journal of Economic Perspectives*, v. 20, pp. 91-116, inverno 2006.
6. Abhijit Banerjee, Raghabendra Chattopadhyay, Esther Duflo e Daniel Keniston, "Rajasthan Police Performance and Perception Intervention", documento de trabalho, maio 2009.
7. Patrick Barron e Ben Olken, "The Simple Economics of Extortion: Evidence from Trucking in Aceh", *Journal of Political Economy*, v. 117, n. 3, jun. 2009, pp. 417-52.
8. Disponível em: <econ-www.mit.edu/faculty/bolken/fotos>.
9. Respectivamente: Raymond Fisman e Shang-Jin Wei, "Tax Rates and Tax Evasion: Evidence from 'Missing Imports' in China",

Journal of Political Economy, v. 112, n. 2, pp. 471-500, abr. 2004; Ritva Reinikka e Jakob Svensson, "Local Capture: Evidence From a Central Government Transfer Program in Uganda", *Quarterly Journal of Economics*, v. 119, n. 2, pp. 678-704, maio 2004; Benjamin Olken, "Monitoring Corruption: Evidence from a Field Experiment in Indonesia", *Journal of Political Economy*, v. 115, n. 2, pp. 200-49, abr. 2007.

10. Marianne Bertrand, Simeon Djankov, Rema Hanna e Sendhil Mullainathan, "Obtaining a Driver's License in India: An Experimental Approach to Studying Corruption", *Quarterly Journal of Economics*, v. 122, n. 4, pp. 1639-76, nov. 2007.
11. Abhijit Banerjee, "A Theory of Misgovernance", *Quarterly Journal of Economics*, v. 112, n. 4, 1997, p. 1289-332, nov. 2007.
12. Samuel Huntington, *Political Order in Changing Societies*, Yale University Press, 1968.
13. Abhijit Banerjee et al., "Rajasthan Police Performance and Perception Intervention", op. cit.
14. Benjamin Olken, "Monitoring Corruption: Evidence from a Field Experiment in Indonesia", op. cit.
15. Claudio Ferraz e Frederico Finan, "Exposing Corrupt Politicians: The Effects of Brazil's Publicly Released Audits on Electoral Outcomes", *Quarterly Journal of Economics*, v. 123, n. 2, pp. 703-45, maio 2008.
16. Lori Beaman, Esther Duflo, Rohini Pande e Petia Topalova, "The Gram Sabha: What Can We Learn about Female Politicians?", documento de trabalho, jan. 2009.
17. Benjamin Olken, "Monitoring Corruption: Evidence from a Field Experiment in Indonesia", op. cit.
18. Raghabendra Chattopadhyay e Esther Duflo, "Women as Policy Makers: Evidence from a Randomized Policy Experiment in India", *Econometrica*, v. 72, n. 5, pp. 1409-43, set. 2004.
19. Lori Beaman, Esther Duflo, Rohini Pande e Petia Topalova, "The Gram Sabha: What Can We Learn about Female Politicians?", op. cit.
20. Benjamin Olken, "Monitoring Corruption: Evidence from a Field Experiment in Indonesia", op. cit.
21. Benjamin Olken, "Direct Democracy and Local Public Goods. Evidence From a Field Experiment in Indonesia", documento de trabalho, nov. 2008.

22. Raghabendra Chattopadhyay e Esther Duflo, "Women as Policy Makers...", op. cit.; Raghabendra Chattopadhyay e Esther Duflo, "The Impact of Reservation in the Panchayati Raj: Evidence From a Nationwide Randomized Experiment", *Economic and Political Weekly*, v. 39, n. 9, pp. 979-86, 2004.
23. Esther Duflo e Petia Topalova, "Unappreciated Service: Performance, Perceptions, and Women Leaders in India", documento de trabalho, out. 2004.
24. Lori Beaman, Raghabendra Chattopadhyay, Rohini Pande e Petia Topalova, "Powerful Women: Does Exposure Reduce Bias?", *Quarterly Journal of Economics*, no prelo.
25. Inúmeros testes de associação implícita (*implicit association tests*, ou IAT) estão disponíveis na página do projeto Implicit: <implicit.harvard.edu>. Podemos testar nossos próprios preconceitos (uma experiência perturbadora!) e participar da pesquisa em andamento.
26. Lori Beaman et al., "Powerful Women: Does Exposure Reduce Bias?", op. cit.
27. Leonard Wantchekon, "Clientelism and Voting Behavior: Evidence from a Field Experiment in Benin", *World Politics*, n. 55, pp. 399-422, abr. 2003.
28. Abhijit Banerjee, Jennifer Green, Donald Green e Rohini Pande, trabalho em andamento.
29. Abhijit Banerjee e Rohini Pande, trabalho em andamento.

Conclusão [pp. 197-200]

1. Abhijit Banerjee e Esther Duflo, "The Economic Lives of the Poor", *Journal of Economic Perspectives*, v. 21, n. 1, pp. 141-67, inverno 2007.
2. Daryl Collins, Jonathan Morduch, Stuart Rutherford e Orlanda Ruthven, *Portfolios of the Poor: How the World's Poor Live on $2 a Day*, Princeton University Press, 2009.
3. Anne Case e Angus Deaton, "Health and Wellbeing in Udaipur and South Africa", documento de trabalho, jan. 2006.

ESTA OBRA FOI COMPOSTA POR MARI TABOADA EM DANTE PRO E
IMPRESSA EM OFSETE PELA LIS GRÁFICA SOBRE PAPEL PÓLEN SOFT
DA SUZANO S.A. PARA A EDITORA SCHWARCZ EM MAIO DE 2022

A marca FSC® é a garantia de que a madeira utilizada na fabricação do papel deste livro provém de florestas que foram gerenciadas de maneira ambientalmente correta, socialmente justa e economicamente viável, além de outras fontes de origem controlada.